獻給

領我歸主的哥哥、我傳福音的啟蒙者

鄺偉昌牧師

靈修著作精選

佈道靈旅

52天腓立比書靈修之旅

鄺偉志 著

基道出版社

▼

靈修著作精選

佈道靈旅

52 天腓立比書靈修之旅

作者
鄺偉志 Kwong, Richie Wai Chi

責任編輯
羅慧琪、吳國雄

裝幀設計
奇文雲海 · 設計顧問

■

出版 / 發行
基道出版社
香港沙田火炭坳背灣街 26 號富騰工業中心 10 樓 1011 室
LOGOS PUBLISHERS
Unit 1011, 10/F, Fo Tan Ind. Centre, 26 Au Pui Wan St., Shatin, Hong Kong
電話：(852) 2687-0331 傳真：(852) 2687-0281
網址：https://www.logos.com.hk

承印
陽光（彩美）印刷有限公司

●

7/2018 初版
Cat. No. LP667A
ISBN: 978-962-457-567-5

Printed in Hong Kong

刷次	10	9	8	7	6	5	4	3	2	
年份	2032	2031	2030	2029	2028	2027	2026	2025	2024	2023

目錄

II. 與福音相稱的生活

III. 深度追求基督

IV. 主裏豐富的滿足

思考課題目錄

腓立比書的故事

寫作時地、背景、目的及信息大綱

「小羅馬城」腓立比

閱讀聖經不同書卷的經文，若忽略其寫作的獨特背景，會削弱我們對經文的正確理解，影響我們領受當中獨有的含義。

新約聖經多有書信的體裁，當中又以保羅所寫的佔大多數（十三卷），其中可分為兩類：寫給教會和個人的（不過寫給個人的都會在教會公開宣讀，作為教導）。故此研讀每封書信，不單要留心誰寫信、在何時何地寫信，也必須留意誰是收信者、收信者的背景如何。

因此，我們閱讀腓立比書經文的同時，腦海中最好能夠超越時空，想著腓立比信徒是活在古代腓立比城特別的一羣——一個多數在經濟上充裕，甚至有著特權，由跨種族、職業背景組合而成的教會門徒羣體，卻因著信主的緣故在多方面承受著愈來愈大的壓力，特別來自社會上普遍奉行多神崇拜及帝王崇拜的挑戰。

腓立比城號稱「小羅馬城」，是人口二十萬以上的大城。與大部分的大城市一樣，腓立比城是一個多元種族的城市——包括原居民特拉吉亞人（Thracians）、希臘人、羅馬人及多種外族人，例如猶太人和埃及人等。她坐落在所謂「條條大道通羅馬」的大道，即其中著名的安納西亞大道（Via Egnatia）上，為馬其頓省東邊的「首要城市」（徒十六 12），考古學家在腓立比城廢墟中，發掘到衞城、拱牌坊、戲園、廣場及浴池等遺迹，可見她曾是極繁華的商業城市，且是重要的軍事要塞。居住在類似的大城市、花花世界，要做一個忠信的門徒，絕非一件容易的事。

腓立比城原名是革尼提士（Krenides），意為「小泉」。在主前三五六年，馬其頓王腓力二世（Philip II of Macedon，亞歷山大之父）擴大並重建該城，並以自己的名字命名，稱她為腓立比（Philippi），意為「腓力之城」。腓立比附近的彭加利安山（Mt. Pangaion）的山腳下，有一著名金鑛，腓力二世曾在那裏開採製幣原料。到了主前一六八年，腓立比併入羅馬版圖。及後凱撒奧古士督（Augustus）賜予此城特權，刻意在那裏安頓數千位退伍軍人，並授與大部分居民羅馬公民權及「意大利權」(即享有同意大利本土居民一樣的特權，例如免稅)。我們大概可以在腓立比的大街小巷，從大家小戶居民的身上，嗅到一種莫名、驕傲的「榮譽感」: 我是馬其頓省的最佳城市 ——腓立比的公民。保羅卻提醒腓立比教會，他們擁有「天國公民」的身分(腓三 20)。不論我們在世上的身分或地位如何顯赫，這才是基督徒身分的真正定位啊。

「滿天神佛」腓立比

腓立比城居民的種族既多，他們所信奉的「神」的種類可能更多。從廟宇遺迹及碑文可知，腓立比人所信奉的神明，分別有戴安伊斯 (Dionysus)、便戴斯 (Bendis)、亞底米 (Artemis)、亞波羅金美斯 (Apollo Comaeus)、伊西斯 (Isis)、海克力斯 (Hercules) 等。我們可以想像古代的腓立比人求神拜佛的心態，與今天的人差不多。除了因為神明「靈驗」，當中很多都是各人宗族傳統所敬奉的神，因此拜神的深層意義，是維繫家族合一的文化傳統。

當然，若他們信仰的神明關係到普遍人的需要，這個神明就成為最受追捧的「偶像」了。腓立比最著名的是戴安伊斯，就是「酒神」，他代表農作物收割時的豐富、生養豐盛，更代表以酒歡慶甚至狂喜的激情。他們舉行由女性祭司主禮的神祕宗教儀式。敬拜此神的宗教，保證人死後可過著快樂無憂的生活。當時著名的哲學思想家伊壁鳩魯（Epicurus），他的說法十分盛行：「當人為憂傷的事所衝擊，他只要轉離不去想那些不快的事，專注令人愉快的思想，仍可以快樂。」他提倡的人生意義，就是追求快樂。我們若將上述兩者對照一下，他們同樣是追求「快樂」的生命。怪不得保羅在腓立比書講了多次「喜樂」，原來是針對當時人心所想所求，以正視聽。

我們不要忘記，在保羅時代各處都奉行帝王崇拜。在家裏、公會中或主要的公共場所裏，都豎立著羅馬帝王的像給人供奉、敬拜；在意識上，帝王是「神」，是「主」，也是「救主」。我們可以想像到，決心相信基督是救主、是神的所有基督徒，在盛行帝王崇拜的腓立比，所受到的是何等的信仰壓力，如喪失公民權利，甚至直接影響生計。

更深認識腓立比信徒身處的腓立比城，我們便不會認為只有自己是生活於一個「基督徒難做」的環境，為失見證的藉口。我們應該更佩服腓立比信徒在如此環境、挑戰中，仍能興旺福音，無所懼怕。原來這是可以做到的！

由異象開創的腓立比教會

要明白腓立比教會為福音熱心的獨特氣質，我們需要回顧一下她是如何建立起來的。腓立比教會創始於神的聖靈所賜的異象。

每一步都有神的引導。這是發生在一般稱為保羅第二次旅行佈道期間 —— 其實所謂「第幾次的旅行佈道」乃是後世學者為方便研究的概括性說法。保羅一生漂泊，為的是忠於使命，四處傳道，辛勞建立教會，與今天我們每逢假期去旅遊的心態不一樣啊。

使徒行傳十六章記載，那時保羅因為之前的工作已告一段落，就和資深的宣教同工西拉，帶著新任傳道的年青門徒提摩太，計劃到他們建立了不少教會的亞細亞省再次探望教會和傳道。他們禱告的時候，神的聖靈竟然禁止他們福音隊在亞細亞講道！及後聖靈又不許他們上北邊的庇推尼省去，讓他們知道是要往馬其頓省的對岸 —— 特羅亞港口。原來神為他們預備了一個忠心的希臘信徒路加醫生加入，組成了傳福音的「夢幻隊工」！（從使徒行傳十六章8節的代名詞「他們」到10節變成「我們」，就知道使徒行傳的作者以隱晦的手法，將自己寫進了書中，他就是路加。)

接著，保羅在夜間見到了著名的「馬其頓異象」，絕非出於偶然。他在夢中看見一個馬其頓人站著求他，並說：「請你過來，到馬其頓幫助我們！」神之前的攔阻之謎揭開了。不少時候，我們計劃想做這事做那事，但我們會不會讓神向我們說話，甚至改換我們預設的行程？有沒有經歷過神不容許我們做一些事，原來背後有神的手引導，要我們行在祂最美的心意中？

由禱告會開始的腓立比教會

時為約主後五十年，他們渡過海，在尼亞波利上岸，經過安納西亞大道，來到最近的大城腓立比。按保羅一貫的宣教策略，他每逢到一個新地方傳福音，必先進猶太人的會堂，向自己本族人傳福音。那麼腓立比有沒有會堂呢？不少解經家認為腓立比城裏並沒有猶太人的會堂，所以保羅他們於安息日到城外河邊找著一個「禱告的地方」，對一羣婦女講道。但是有學者認為，那聚集的地方可能正是一所會堂，因為原文中「禱告的地方」在猶太人圈子中其實也普遍指「會堂」，而且猶太人常在城外的海邊或河邊建立會堂，為方便行宗教上潔淨的禮儀。其實我們也很難想像，如腓立比這樣居住著不少具經濟能力的猶太人的大城市，會沒有一間像樣的會堂。不過，姑勿論有沒有會堂，傳福音的人總把握任何機會，找到福音對象；異象和策略重要，但神的引導、人勇敢去傳，更是成功的關鍵。

腓立比教會的建立，是由一次又一次「禱告＋行動」而開展的。一羣禱告的婦女，是腓立比教會的「班底」。第一位信主的婦女呂底亞不是猶太人，而是當時的「敬畏神者」。「敬畏神者」是一羣願意信仰猶太人的神的外邦人（例如使徒行傳十章所記載的百夫長哥尼流；但當中大部分為女性），當中不少是富有的人，有分資助猶太人興建會堂。呂底亞大概是一位寡婦，是經營買賣「紫色布」的商人。因這「紫色布」是高級的布材，主要用於官員及富人身上，呂底亞的事業明顯相當成功，更擁有自己的居所及家奴。她信主後願意全家受洗，而保羅隊工後來都住在她的家中，相信她也是日後腓立比教會的中流砥柱之一，成為保羅在宣教上的贊助者。神在佈道的行程中，早有預備。

以生命力面對挑戰的腓立比教會

可是傳福音一定會遇到阻力！保羅隊工並不是一帆風順。他們之後再到那個「禱告的地方」，遇見一個被鬼附、身分低微、被人操控利用的女奴隸。保羅給她趕鬼，釋放了她。她因而信主，但他們卻因此惹來官非。保羅和西拉被捉，衣裳被剝，身受棍打，然後收監。我們現在傳福音，曾有如此為福音受苦的經歷嗎？

當時的監獄衞生環境惡劣，黑暗、擁擠。保羅和西拉身邊不少是犯案纍纍、絕望呻吟的囚徒。若我們身處那樣環境，會有何心情？會做甚麼？保羅和西拉竟在獄中禱告唱詩。更奇妙的事發生了——一場大地震將所有監門，甚至囚犯的鎖鍊都鬆開了！（怎麼可能？）正是這事件使看守監牢的禁卒和他的家人有機會聽聞福音，最後全家都信了主。富人、奴隸和公職人員，我們見到了腓立比教會的雛型。保羅的佈道隊工往馬其頓其他城市宣教，路加醫生則留在腓立比教會傳福音和做牧養工作。

保羅後來數次探訪腓立比教會，雖然逗留的時間一般不長，但保羅無論到那裏去——就是在羅馬坐監獲釋後——雙方皆一直保持聯絡，關係非常密切。腓立比教會多次在各方面供給保羅的需要，甚至特別差派一些同工，例如以巴弗提去支援他。傳道者與自己有分建立的教會能彼此真摯關愛，何其難得！我們也因此體會到在腓立比書字裏行間所洋溢的恩情。

宣教士傳福音及所見證的生命力，塑造了腓立比教會的氣質——「同心合意興旺福音」(腓一 5)、「為主受苦爭戰」(27～30 節)。直至十二年後，保羅寫腓立比書，腓立比教會已發展成一間有監督執事(1 節)，組織完善的教會了。

在聖經時代之後，歷史記載了腓立比教會的一件愛心事迹，就是他們接待安提阿教會的監督伊格那丟(Ignatius of Antioch)。那是第二世紀初，伊氏因基督徒的罪名被羅馬政府判罪，在軍隊押送他往羅馬途中，路經腓立比，被投入獸窟之中，神卻保守了他。當時腓立比的基督徒不畏危險，願意照顧他，最後替他送行。後來伊氏的好友，士每拿教會的監督坡旅甲(Polycarp)寫信給腓立比的基督徒，稱讚他們那次的愛心見證。由此可見，直至數十年後，腓立比教會仍然持守著愛心的品德。可惜的是，在以後的歷史裏，腓立比教會便在歷史的舞台上漸漸隱退了。

始於監獄的真誠感謝函——腓立比書的寫作時地及目的

主後六十二年，腓立比教會約已建立了十二年，保羅那時在羅馬坐監。這事相信必定使教會的第一代信徒，尤其是禁卒一家激動地回憶起，當年保羅和西拉如何在腓立比為傳福音的緣故而坐監，卻在監牢中唱詩，隨後發生大地震的神蹟那戲劇性的經典往事。那些寶貴的屬靈經歷，已成為腓立比信徒心裏獨特的屬靈遺產。所以，他們是不會忘記在羅馬第一次坐監的保羅，便派了以巴弗提帶著「餽贈」（包括物資與金錢）去支援他，供應他的所需。

保羅所謂的「坐監」兩年，其實是被軟禁，羅馬政府容許他住在自己所租的房子裏（徒二十八 30～31）。但我們不應因此認為保羅那時的生活舒適。保羅從早到晚受著嚴密的監視，監獄本身並不提供足夠的伙食和衣物，而且整體的衛生環境不佳，故此他仍然受著各樣的苦楚。可是他既能隨意接待要見他的人，在這等困難中就仍把握機會，貫切「保羅本色」——與所接觸的每一個人分享福音，包括那些看守他的軍兵及其親屬友朋，就是信中所提及的「御營全軍」，即當時整隊「羅馬的御林軍」！結果，「不被囚禁」的福音，又在那裏被傳開了。

人被軟禁，雖然身體受限制，心靈卻不受限制。保羅仍能用書信與文字，專心寫信給各教會及一些主內的肢體，延續其牧養的工作。腓立比書就是其中一封書信；他不能不寫，因為他要告訴教會很重要的消息：他已全數收到他們的「餽贈」（四 18；參《新美國標準聖經》〔New American Standard Bible〕：“receive everything in full”），並且他們所差派的同工以巴弗提病好了！

在別人的眼中，以巴弗提似乎是個很普通的信徒，但保羅極欣賞他，因為他是在事奉上不要命的「拼命三郎」。他因拼盡事奉的勞累，生了重病，差點送命。這個消息後來傳回腓立比教會，全教會都很擔憂和掛念他。後來他終於病好了，保羅為要叫教會不再為以巴弗提憂心，打算把他差回腓立比教會。此外，那時保羅雖不肯定審訊的結果如何，但熱切盼望獲釋（腓一 25）。因此趁以巴弗提康復的時機，便趕緊與提摩太聯名寫信給教會，好讓以巴弗提把信帶回去。保羅所寫的，是為要教會安心、放心，這反映了保羅作為一個負責任牧者的心腸。

親切的生命勸勉——腓立比書的主題信息及全書大綱

腓立比書固然是保羅向教會所發出的感謝信，但聖經的最高作者——神的聖靈——卻使用保羅傳講更深一層的信息：一生豐盛的信徒是如何以基督為中心。在寫作腓立比書時，神感動保羅作出內心的剖白，分享他的人生觀：「因我活著就是基督，我死了就有益處」（腓一21），既獨特又令人震撼。相比另外兩卷著名的「監獄書信」，以弗所書的信息總括來說是「基督的『教會』」，闡明屬於耶穌基督的「教會」信徒羣體的獨特本質；歌羅西書的重心則在於「教會的『基督』」，強調教會信奉那獨一無二的「基督」。那麼腓立比書的信息呢？「『教會』就是『基督』」似乎是最貼切的描述。「教會」作為信徒羣體，本來就是耶穌基督的延伸，而基督與教會這最密切的、天人合一的關係，使基督徒自然流露出一種超然的見證生命。

要講明以上的深奧信息，保羅寫作腓立比書，卻不是以羅馬書那種「辯證式」表達作為主要的體裁。腓立比書有著獨特的基督論，尤其是第二章的「僕人之歌」，保羅以詩歌體裁，將教義性的經文結合倫理教導：以基督的謙卑和順服的心作為信徒的榜樣和生活中心。保羅不重說教，著意多次談及「心思意念」(原文與「心」有關的詞語使用超過三十次)和各樣「事物」，包括「凡事」、「自己的事」、「別人的事」、「沒有一事」、「基督的事」和「萬事」(all things, nothing, the things)，來引導我們應怎樣看事情，又應怎樣做不同的事情，才是真正「活出基督」。再者，保羅將實實在在的「榜樣」擺給我們看：基督自己、祂的同工、保羅自己、腓立比教會的信徒，甚至一切「好人好事」(四 8)，都是保羅具體說明甚麼是「活著就是基督」的真實見證。

超世的基督，入世的聖徒；既敬虔又行「道」，活出裏面的真理。這是震撼人心的腓立比書信息：充滿同心、愛心、謙卑、順服和捨己的生命，貫穿整個基督徒人生的追求進深之旅，愈認識基督愈覺其為至寶，生命達至完全的豐盛、滿足的喜樂。

腓立比書

全書主題：活出基督的人生

全書鑰節：「因我活著就是基督，我死了就有益處。」(一 21)

全書大綱：

一、神僕保羅的見證（一 1～26）

引言（一 1～2）

A. 以基督的心腸禱求（一 3～11）

B. 為基督而興旺福音（一 12～19）

C. 惟獨基督的人生觀（一 20～26）

二、與福音相稱的生活（一 27～二 30）

A. 傳福音的事奉（一 27～30）

B. 信徒的心思（二 1～11）

C. 信徒的行為（二 12～30）

三、深度追求基督（三 1～四 1）

A. 追求的標竿（三 1～16）

B. 追求的榜樣（三 17）

C. 追求的鑑戒（三 18～19）

D. 追求的成員（三 20～四 1）

四、主裏豐富的滿足（四 2～23）

A. 豐足心思的祕訣（四 2～9）

B. 靠主大大的喜樂（四 10～13）

C. 一切充足的豐富（四 18～20）

結語（四 21～23）

導言　聖經所記載的「福音」究竟是甚麼？

「福音」，這是個所有基督徒都熟識的詞彙。倘若問及「福音是甚麼？」，答案又好像言人人殊，難以講得清楚明白。「福音」這詞彙帶給我們的困惑，或多或少是因為其含義豐富，在這裏嘗試説明一下，會有助我們進深對信仰的認識。

「福音」的含義有如下的幾個層次。

馬可福音全書的引言，在中文《和合本》是如此敘述：「神的兒子，耶穌基督福音的起頭。」（一1）此節若參考原文的次序，是「起頭/福音/耶穌基督/神的兒子」；「福音」，是作者強調重點所在。在文法上，這片語可譯為「耶穌基督的福音」（The gospel of Jesus Christ），意思為「福音」是屬於「耶穌基督的」。但這片語也可譯為「福音，就是耶穌基督」（The gospel is Jesus Christ），不少聖經學者都贊同後者在原文上的解釋。如此看來，「福音」，其實就是「耶穌基督」自己，祂就是「福音」的內涵和所是。

保羅常使用「福音」這詞。他在羅馬書一章16節說：「這福音本是神的大能，要救一切相信的。」很明顯，他使用「福音」這詞描述「神大能的救恩」，人相信這「福音」，就能得救。他在哥林多前書十五章2節這樣說：「並且你們若不是徒然相信，能以持守我所傳給你們的，就必因這福音得救。」真信主的人必靠著「福音」得救，但甚麼是「我所傳給你們的」? 接著3至4節清楚解釋：「我當日所領受又傳給你們的：第一，就是基督照聖經所說，為我們的罪死了，而且埋葬了；又照聖經所說，第三天復活了」。從這段經文及其他保羅書信的用法可見，「福音」的內容，即是耶穌基督的全人救恩的一個總括說法，就是祂為人的罪而死，也為人得著生命（包括今生的豐盛和永遠的生命）而復活。

回到馬可福音，耶穌在開始傳道時說：「日期滿了，神的國近了。你們當悔改，信福音！」（一15）耶穌的宣告，是從猶太人的觀念來看；他們每天都祈盼「神的國」早日臨到，祂是全宇宙的君王，在末後要重建祂的子民，要統管地上的萬族萬民。但耶穌呼籲人們首先要「悔改」，這詞與希伯來詞彙「回轉」的概念有緊密的關係，意思是從罪惡中悔改，重新轉向，歸於神。耶穌之後進一步說這是「神國的福音」。故此，「福音」的內涵不單指「救恩」的內容，從廣義來說，也包括了神的國在地上的建立，耶穌是救主，更是天國的大君王。因此「福音」不僅僅關注個人的得救和將來得永生，更是關乎信主的人成為天國的子民、跟隨主的門徒，關乎這羣擁有天國價值觀的門徒羣體，如何在世上不同的範疇和崗位上作見證，讓人透過門徒的見證覲見天國君王基督的美德和權能。

「福音」原文的意思是「好消息」。按這詞當時的普遍用法，主要是指傳遞戰爭得勝的結果。在羅馬帝國的統治下，「好消息」的意義，被羅馬政權宣傳為因著羅馬戰勝諸國而帶來的「羅馬承平」(“Peace of Rome”，即拉丁文的 *Pax Romana*)。可是羅馬的武力霸權，真能帶給當時人民平安嗎？新約作者使用「福音」這詞彙來描述耶穌所帶來的救恩，正是對應當時所謂羅馬承平的「福音」。再加上當時羅馬的君王「凱撒」推動全民的君王崇拜，讓人尊君王為「神」——其實真正的天國君王就是耶穌基督，真正的得勝、能使人得著平安的，也只有耶穌基督。

無怪乎使徒都說信徒會「為福音受苦」，因為如上文所述的，他們所傳的「福音」，代表豐富的信仰內涵，卻是直接挑戰和衝擊著當時所有人的信念！

今天，我們所信所傳的，又是甚麼「福音」?

如何使用本書

讓信徒從腓立比書看「傳福音」的實踐

本書作為一本靈修作品，起點是腓立比書的釋經，並以傳福音的主題作為視角，鼓勵信徒透過深入思想經文及禱告，好好與神親近，從祂得著動力，決意實踐真道。

為甚麼選腓立比書？理由簡單：保羅寫作腓立比書，所展現的是一個「活出基督的人生」——這種人生是帶著宣教熱誠、滿有與福音相稱的見證的生命。我相信若我們認真閱讀腓立比書，很難不被書中的生命力所感染！筆者正是如此。初信的時候，筆者已十分喜歡腓立比書，這卷書大大地塑造了我的信仰生命，影響著我後來走上全時間傳福音這事奉之路。

按本書的編寫和設計，筆者建議讀者跟從下面的方法使用本書：

閱讀經文：在閱讀筆者所提供的默想資料之前，務必先閱讀經文。本書將腓立比書短短的四章經文，刻意分成五十二段，是希望引導讀者真正「慢讀」經文；「慢讀」的方法有三。第一，是「反覆閱讀」。從靈修的經驗來說，讀經前，要先安靜自己及放鬆心情。開聲禱告也是用來開始靈修的好辦法，然後默讀至少三遍。但更理想的是第二種方法，就是朗讀及聆聽經文。朗讀完一次，稍為安靜停頓，讓經文的內容在腦際回響一段時間，然後以同樣方法，再朗讀兩次。若讀者曾學習「歸心禱告」及「靈閱」等屬靈操練，更可使用這些方法讓自己完全進入禱告及聖言中。至於「慢讀」的第三種方法，就是「背讀」，即刻意將經文即時背記在心裏。這方法可以在靈修後進行，將當天默想的經文在一天裏刻意反覆思想。若時間較為匆忙，讀者可考慮在一大清早的內務、坐車或早餐時間，先嘗試盡量「背記」當日的經文，這有助我們將神的道直接帶進每天的生活中。

默想資料：包括主要的思考內容、反思問題及建議禱文。這不是一本全面釋經的書，也因篇幅不多，未能包含經文研究中的複雜討論，卻嘗試以盡量簡要的文字，將經文的正確解釋帶給讀者，尤其補充一些單從中文譯本未能處理的釋經。讀者可以細嚼及消化這些釋經的分享和下面的反思問題，最後以自己的言語或建議禱文禱告。筆者在分享中，刻意引導讀者關注傳福音的思考和實踐。不少信徒雖然有恆常的靈修，可是少有在靈修時著意思考如何實踐剛得著的「領受」。筆者期望讀者能透過本靈修書得著鼓勵，參與各樣直接傳福音的事奉。讀者如有感動，可以在每天的默想資料後的空白位置，寫下自己實踐傳福音的立志，最好是具體的計劃，可以盡快落實執行。當然，除有關傳福音的內容以外，透過腓立比書，讀者會發現其他各方面生命實踐的反思。「我們當如何去實踐呢？」希望讀者每一天都跟主耶穌提問這個問題，祂必教導我們怎樣行道。

專題文章：本書就著「傳福音」及一些信徒所關注的生活課題，提供十二篇短文，散佈在每天靈修資料之間，讓讀者可以按主題和興趣隨時閱讀，或可在按次序靈修時，定期作為參考及有助實踐的補充讀物。讀者也可使用這些短文，作為小組討論的材料。

若讀者初信主，或正建立自己的靈修生活，建議每天日間可以安排三十分鐘靈修時間，親近神。參考以上的使用方式，時間分配可以是先用十分鐘聆聽神的話，閱讀經文。然後，用十分鐘細想神的話，閱讀默想資料。最後用十分鐘禱告回應神的話，閱讀反思及參考禱文部分，認真思考經文與個人生活的關係，並如何應用，在筆記頁簡單記下實踐要點。

我們在日間的靈修時段，可以集中思考、領受神的話和向神禱告回應。在一天結束的晚間時段，最理想是可以回顧日間靈修的經文及一天所經歷的，作總結感恩的禱告，亦可以寫日記的方式作記錄，將有助我們掌握自己的靈程，記下神在我們生命中的足迹。

願讀者可藉本書向神傾心吐意，陳明己志，透過閱讀及思想經文，降服在神面前，並藉著禱告求主加力，踐行所領受的道。也深深祈願主使用本書，使多人成為福音的使者！

I.

神僕保羅的見證

第 1 天　　僕人心態

基督耶穌的僕人保羅和提摩太寫信給凡住腓立比、在基督耶穌裏的眾聖徒，和諸位監督，諸位執事。願恩惠、平安從神我們的父並主耶穌基督歸與你們！（腓一 1～2）

保羅雖然是偉大的、傳福音的使徒，卻時刻清楚自己「基督僕人」的身分。他寫信給腓立比教會的領袖和信徒，首先讓他們注意一個僕人的榜樣：樂於謙卑服事，傳基督的福音，成為祝福別人、叫人得著父神恩惠與平安的器皿。佈道者並不以高姿態面對福音對象，緊記基督是僕人，祂來不是要人服事，乃是服事人；保羅是僕人，他跟隨基督的腳蹤，以服事信徒為首要的事。

反思：我們在日常生活裏，是否常常以僕人的心腸，謙卑地去服事別人呢？作為佈道者，我們會不會以高姿態面對福音對象，忽略了僕人的身分和心態？

禱文：主基督啊！求祢讓我更有僕人的謙卑心腸，服事神又服事人。

第2天　　想念祈求

我每逢想念你們，就感謝我的神；每逢為你們眾人祈求的時候，常是歡歡喜喜地祈求。（腓一3～4）

有一段時間，筆者每逢低頭禱告，心裏就浮現一位朋友的臉容。因為在那段時間，常常與那位朋友談福音，邀約他返教會，所以不期然心裏常常掛念他。保羅寫腓立比書的時候，常常定期為腓立比教會禱告，一禱告，自然就想念每一個信徒的情況。他想到信徒的長進，就感謝神，更是歡歡喜喜的！這種掛念別人靈命長進的禱告，帶給他生活的喜樂和動力！

反思：我們常為甚麼事情禱告？是為個人的事情，還是為別人信主或靈命長進較多呢？例如，我們會為所帶領的小組組員的靈命長進禱告？又或者為初信主的福音對象投入教會生活禱告嗎？

禱文：主耶穌啊！求祢使我更多記掛別人靈命的長進，過於自己的需要。

第3天　興旺福音

因為從頭一天直到如今，你們是同心合意地興旺福音。我深信那在你們心裏動了善工的，必成全這工，直到耶穌基督的日子。（腓一5～6）

「興旺福音」可說是腓立比教會信徒的標誌。他們樂意傳福音，有幾個值得我們學習的特質。第一，是有持續性的：「從頭一天直到如今」；第二，是全民皆兵的：「你們是同心合意」；第三，是目標一致、合作無間的隊工：「同心合意」。保羅特別指出他們對傳福音有這樣的行動和見證，是因為神在他們心裏「動了善工」，保羅也有信心，神必透過教會「成全這工」。

反思：腓立比教會興旺福音的榜樣，給我們甚麼啟迪？想想自己的團契或小組，過去是否曾熱心傳福音，近日卻漸漸冷淡了？有甚麼改善的方法？

禱文：主啊！感謝祢讓我看到腓立比教會興旺福音的榜樣！倘若我的傳福音心志已經冷淡，求主赦免。願主復興我，像他們一樣，一生熱心興旺福音。

思考課題 **1**

「興旺福音」的意思是甚麼？是教會人數增加？規模更大？

福音能夠興旺，是一件主所喜悅的事，因為福音被傳開了。「福音興旺」的意思，通常指信主人數的增加。可是我們忠心傳福音，信主人數是否必然會增加呢？這其實都在神手裏，因為聖經說是「主將得救的人天天加給」教會（徒二 47）。

所以「福音興旺」不一定是要建立一間大型教會。若地方教會或宗派為自己的名聲去擴展，這也是一種屬靈的偏差，應該小心避免。從初期教會的背景來說，都是在信徒的家中聚會，不可能是擁有一間獨立建築物的大教會。聖經沒有教導教會領袖要將教會的規模愈做愈大。大型教會的出現，是基督教在第四世紀成為羅馬帝國的國教之後的事。

事實上，教會增長並非壞事，但一般來說，教會的組織愈大，人與人的關係就愈不容易建立，教會亦愈不容易管理。福音興旺，教會發展，卻不一定要將教會的規模發展得更大，因為還有不少發展的方式，例如可以分堂或植堂，又或者靈活地開設更多家庭小組。

總結來說，一間地方教會的人數增加，愈做愈大規模，其中有些選擇以建立超大型教會為方向（當中也有不少是成功的），只要是健康的教會，這是無可厚非的，也是一件美事。但我們不可忘記，普世教會被建立和質與量的增長、神國整體的發展，實在比建立大型教會重要得多。

第 4 天　　記掛佈道人

我為你們眾人有這樣的意念，原是應當的；因你們常在我心裏，無論我是在捆鎖之中，是辯明證實福音的時候，你們都與我一同得恩。我體會基督耶穌的心腸，切切地想念你們眾人；這是神可以給我作見證的。（腓一7～8）

保羅欣賞腓立比教會信徒持續興旺福音的行動，因為他自己正是同類型的「佈道人」。他寫信時，正在羅馬被軟禁（徒二十八 30～31），自由受到限制，但獲容許接待前來探望他的任何人。他可以把握任何機會「辯明證實福音」。保羅與腓立比教會雖然天各一方，卻在彼此同心興旺福音上，如此「一同得恩」。故此保羅很珍惜這羣佈道者，十分想念他們，常為他們禱告守望，並指出這是出於擁有「基督耶穌的心腸」。

反思：我們常常記掛的是何人？何事？是否常為推動福音事工的肢體禱告，例如佈道和栽培者？試試每天為教會的傳道同工或屬靈領袖守望。

禱文：主啊！求祢使我常記掛福音的事，常為教會的佈道者和屬靈領袖守望，也願意在任何處境中，作個忠心的門徒，熱心的佈道者。

第 5 天　　辯明證實

我為你們眾人有這樣的意念，原是應當的；因你們常在我心裏，無論我是在捆鎖之中，是辯明證實福音的時候，你們都與我一同得恩。（腓一 7）

本節的「辯明」和「證實」在原文是兩個不同的詞，都是第一世紀常用的法律用語。「辯明」，是答辯、抗辯；「證實」，是辯明、維護。這裏保羅是指著他自己因福音緣故被囚，在上訴答辯的過程中而說的。此外，保羅這樣形容他傳福音的其中兩個重點：負面來說，他要為福音答辯；正面來說，也主動辯明和證實福音。兩方面都是特別針對那些對福音抱懷疑態度的朋友的。

反思：我們多數為甚麼事抗辯或維護甚麼事呢，是否多為自己的事？我們是如何傳福音的？有沒有向未信主的朋友細心「辯明」和「證實」福音呢？有沒有在解答福音難題方面裝備自己，嘗試耐心聆聽及回應人？

禱文：主耶穌啊！求祢賜我屬天的智慧，懂得回應不同人對信仰的疑問。我很需要祢給我傳福音的勇氣，願意向人辯明和證實福音。

第 6 天　為多有愛心禱告

我所禱告的，就是要你們的愛心在知識和各樣見識上多而又多……（腓一 9）

保羅為別人愛心增多而禱告。這看似普通，實質極有深度。原來愛心不是自然增長的，需要禱告守望，不能忽略停止。他更特別為他們的「愛心在知識和各樣見識上多而又多」禱告，向神祈求一種有知識的愛（不是無知盲目的溺愛），求一種有各樣見識的愛（不是過分純情愚蠢的錯愛）。怎樣為愛心的增長去禱告，事實上近乎一種藝術。

反思：不要忽略祈求愛心的增長，更不要忽略祈求一種有智慧見識的愛心。嘗試多點學習為自己、為你最熟識的弟兄姊妹禱告，祈求擁有更多的愛心。

禱文：主啊！求主給我增加一種有知識和見識的愛心，使我能帶著從祢而來的智慧去愛人。

第7天　為活出見證禱告

我所禱告的，就是要你們的愛心在知識和各樣見識上多而又多，使你們能分別是非，作誠實無過的人，直到基督的日子；並靠著耶穌基督結滿了仁義的果子，叫榮耀稱讚歸與神。（腓一9～11）

為信徒愛心增多禱告，目標為何？就是「使你們能分別是非，作誠實無過的人」。「分別是非」又可譯為「喜愛那美好的事」，都是表達知所選擇：做應做的事，不做不應做的事，也有誠實的品格。11 節提到結滿了「仁義的果子」，也就如加拉太書五章 22 至 23 節論「聖靈的果子」，都指向基督徒誠實的品格。今天的社會裏，稱自己是信徒不難，但我們能遇見有誠實和仁義品格、能分別是非、做美好的事的基督徒，卻不容易。願我們成為有品格、有見證的基督徒。

反思：靠我們自己活出見證，殊不容易，所以要懇切為自己、為弟兄姊妹更有愛心和品格的成長禱告。在品格上的好好追求，可考慮與最信任的肢體定期見面分享，常常坦誠彼此提點。

禱文：主基督啊！願祢賜我愛心，更使我作個真誠、有仁義品格的基督徒，建立別人，見證主，讓他們歸榮耀給神。

第 8 天　　迎難而上

弟兄們，我願意你們知道，我所遭遇的事更是叫福音興旺，以致我受的捆鎖在御營全軍和其餘的人中，已經顯明是為基督的緣故。並且那在主裏的弟兄多半因我受的捆鎖就篤信不疑，越發放膽傳神的道，無所懼怕。（腓一12～14）

就如前文一章 7 節提到的「捆鎖」，保羅寫信時正在羅馬被軟禁（徒二十八 30 ～ 31），自由受到限制。在這不容易的處境下，保羅身體力行，迎難而上，把握任何機會傳福音。他發現神容讓他遭遇種種困難的處境，原來有祂的美意 ——藉著他所到之處，能興旺、傳揚福音。一般情況下未能接觸得到的「御營全軍」，竟因為他被軟禁而有機會得聞福音！

反思：縱使面對的處境充滿艱辛和挑戰，我們仍可相信神有其美意。我們正面對困難和挑戰嗎？進一步來說，我們會發現到現在的處境中，存在著見證福音的契機嗎？我們有沒有把握機會呢？

禱文：主啊！我承認有時在艱難的處境中，不容易看見祢的作為和美意。求主給我力量，從祢的角度看事情，更求主在各樣處境裏，賜我把握時機傳福音作見證的心。

第 9 天　篤信不疑的果效

弟兄們，我願意你們知道，我所遭遇的事更是叫福音興旺，以致我受的捆鎖在御營全軍和其餘的人中，已經顯明是為基督的緣故。並且那在主裏的弟兄多半因我受的捆鎖就篤信不疑，越發放膽傳神的道，無所懼怕。（腓一12～14）

保羅受捆鎖，表面上不是件好事，但他卻在經歷中發現「更是叫福音興旺」、「是為基督的緣故」，甚至叫其他信徒「篤信不疑，越發放膽傳神的道，無所懼怕」！這個果效相信連保羅自己也想不到。原來我們因傳福音而受的苦，最終會成為其他弟兄姊妹極大的激勵，使更多人放膽傳福音。因為當一個佈道者不怕受苦，那種堅毅信靠神的心，會成為其他軟弱信徒的榜樣。

反思：當我們努力把握機會傳福音時，遇到困難險阻，我們會退縮嗎？還是認定神會使用這見證，使更多人加入努力傳福音的行列呢？

禱文：主啊！求祢使我成為更堅強的基督徒，成為委身見證福音的人。又願祢使用我委身的見證，影響更多人加入成為佈道者的大軍！

第 10 天　　傳福音的錯誤動機

有的傳基督是出於嫉妒紛爭，也有的是出於好意。這一等是出於愛心，知道我是為辯明福音設立的；那一等傳基督是出於結黨，並不誠實，意思要加增我捆鎖的苦楚。這有何妨呢？或是假意，或是真心，無論怎樣，基督究竟被傳開了。為此，我就歡喜，並且還要歡喜……（腓一 15～18）

保羅在 18 節雖說：「這有何妨呢？或是假意，或是真心，無論怎樣，基督究竟被傳開了。為此，我就歡喜，並且還要歡喜」，但我們也不要誤解他的意思。第一，保羅清楚指出那些傳基督的人動機不良，有自私的目的，絕對是錯，他也責備他們。第二，根據上文下理，保羅的「這有何妨呢？或是假意……」，是指那班針對他的人。保羅能喜樂，是因他明白基督究竟被傳開，他自己卻不受別人影響。那些人以那種錯誤的動機傳基督，其實是針對他，「意思要加增我捆鎖的苦楚」，「是出於嫉妒紛爭」。那明顯是有特別背景的，我們不能無限放大地解釋，說保羅認同一切出於「假意」去傳基督的人與事。

反思：有人傳福音出於不良的動機，這實在令人羞愧不解。這些人有沒有成為我們的鑑戒？我們自己事奉的動機又是否純全？

禱文：親愛的耶穌啊！我們縱然熱心傳福音，有時也會迷失自己。求主常常提醒我們。

思考課題 2

傳福音可以不擇手段嗎？

這問題表面看似有點荒謬，因為我們是傳揚真理，怎能用不對的方法和手段？但從腓立比書保羅的分享看來，在新約的時代，已有人出於假意傳福音，或抱不誠實的動機。傳福音的人有如此的問題，是因為信徒仍會犯罪，我們不要低估人本來的罪性的影響。

以事論事，傳福音當然可以用不同的方法，保羅在歌羅西書明說：「我們傳揚他，是用諸般的智慧」（一28）。方法和手段是中性的，而我們所傳的是真理，我們確信的真神是誠信真實的，我們所追求的是效法基督高尚的道德和品格，故此我們所用的手法必須合乎道德，試問怎能用欺騙與誤導的手法呢？

筆者曾聽說，在佈道會作見證的人竟然使用假學歷或好些不實經歷作見證，期望以較高學歷或特殊經歷來吸引未信者進場聽道，那怎可能讓人信服所講的是「誠實無偽」的真理呢？倘若有人因這類手段被吸引認識信仰，後來卻發現這羣信徒原來不誠實、如此嚴重地失了誠信，定必會回頭對所信的神及福音的內容產生懷疑。這對他們信心的破壞，比之前所建立的還大！

為何這些信徒會這樣不誠實？筆者相信背後其中一個主要的原因，是受世俗功利主義影響，以為可以為求目的而不擇手段，所以為求更多人參與佈道會信主，便不惜犧牲更重要的誠信和原則。這是非常可惜的，神必不悅納。正確的態度是，我們既知福音的傳播是神自己感動的工作，我們只要盡力去做，將結果交給神，便不容易落入這些愚昧的想法和行為之中。

第 11 天　因基督被傳開就歡喜

這有何妨呢？或是假意，或是真心，無論怎樣，基督究竟被傳開了。為此，我就歡喜，並且還要歡喜；因為我知道，這事藉著你們的祈禱和耶穌基督之靈的幫助，終必叫我得救。（腓一 18～19）

保羅雖不贊同那些別有用心的人傳福音的動機和態度，但他心胸廣闊，只要他們所傳的內容並非異端，他便歡喜感恩！而且他的喜樂是不斷的，因基督真正被傳開，他非常歡欣！這反映他事奉的目標是對準神，不是看人。他也因為深知神必垂聽弟兄姊妹的禱告，自己在軟禁中必被釋放，因而喜樂。

反思：相比那些別有用心的人，保羅傳福音的動機不但純正，更有廣闊的胸襟，這是因他的事奉是對準神。建議你找個安靜的時間，列出你所參與的事奉，並嘗試同時寫出你參與的動機及原因，深入檢視一下自己的所思所想。

禱文：求主讓我擁有保羅的熱誠和廣闊的心胸，以神為中心，不容易受別人的影響。

第 12 天　照常顯大

照著我所切慕、所盼望的，沒有一事叫我羞愧。只要凡事放膽，無論是生是死，總叫基督在我身上照常顯大。（腓一 20）

保羅說「所切慕、所盼望」的事，可指他盼望在人生中要作的每一件事。他為福音的緣故，以神的心意為行事標準，能在每一件事上不覺羞愧。「顯大」原文的意思是「被放大」，保羅比喻他自己的身體像個「放大鏡」，把基督「放大」了，讓人在他的生活和行為上，更能看見基督生命的顯彰。厲害！

反思：保羅的宣告實在大膽，能稱以自己的生活行為來「放大」基督，並不覺羞愧！我們實在自愧不如。但真是不能做到嗎？試試找一個屬靈禱伴，請對方誠實給你意見，指出你在哪方面有「顯大」和沒有「顯大」基督，然後你作出真誠的檢視。

禱文：基督啊！我願成為生命的「放大鏡」，讓人從我身上，真正看見福音、看見基督。

第 13 天　活著是基督

因我活著就是基督，我死了就有益處。（腓一 21）

很多信徒都喜歡這聖經金句，但細想一下，卻又似乎未必完全掌握其意義。如何才是「活著就是基督」呢？又如何才是「死了就有益處」呢？兩句說話看似簡單，但愈讀更愈覺有分量，不能輕言。根據原文字詞次序，直譯是「對於我，活——基督；死——得著」。從兩者的對比，可見他認為「死亡」是得益，是因為他「活著」就是「基督」——他在世的生命全然為主，「放大」基督不覺羞愧（一 20），所以他知道，若到了要迎接死亡之時，也是一個得著，因為神既要接他離世，也是時候要賞賜他了。

反思：我們對死亡和活著的看法如何？能否像保羅那樣，無論是生是死，整個生命皆為基督？歷世歷代委身的宣教士和殉道者，他們如雲彩般的見證對你有何啟迪？

禱文：主基督啊！生死在祢手裏，無論我是生是死，讓我全然為祢。

思考課題 3

我們可以如何操練祈禱的生活？

我們所信的神，是非常樂意聆聽我們禱告的。人人都可以隨時向神禱告，但禱告這個重要的屬靈操練，也是需要進深和學習的。

禱告是甚麼呢？禱告是向神傾心吐意，與神交往，像與朋友般傾談。我們可以將我們心裏的所有需要，向神毫無保留地傾訴，並不需要追求禱文美麗悅耳，最重要的乃是真誠。

禱告就像呼吸，我們可以無時無刻，或行路或躺臥，與神溝通，因為祂無處不在。套用現代的概念，「不住禱告」可說是與神常常「在線」溝通。靈修是最佳的禱告時刻。我們應該嘗試每天在特定的時間禱告，就如猶太人的習慣那樣，他們每天抽時間作三次定時的禱告。正如我們可以嘗試每天作三餐的謝飯禱告，多抽一些時間向主傾訴；睡前禱告數算主所給我們豐富的恩典，將一天所經歷的和各樣困難交託給主，都是很好的操練方向。

禱告，也是在神面前反思、認罪、立志，求主加添力量，讓我們活得更像主，在神面前降服，敬拜祂，順從祂的旨意。我們要學習在禱告中等候神的聲音，要學習安靜、聆聽。信徒面對人生中的重要決定，或特別的需要和困難，應專心尋求神的指引，甚至可以花上一兩天專注退修，禱告尋求。

那麼禱告的內容是甚麼呢？禱告可以是為著不同的需要向神祈求，也為別人代求。當然我們可以為物質的需要禱告，但主耶穌叫我們「先求祂的國和祂的義，這些東西都要加給你們了」，即是說若我們以神的事為先，神必看顧供應我們生活的所需，我們要對神有信心。保羅的榜樣更讓我們看見，他常為信徒屬靈的需要守望禱告，例如為信徒愛心的增加、能結出屬靈的果子或品格的成長禱告，又或求賜屬靈智慧，可明白聖經等，並不是單為自己的事禱告。

為別人代求，包括為普世宣教工作、世界各樣的需要守望。有所謂每天「一手報紙，一手祈禱」。多參加教會公禱會或宣教祈禱會，學習為萬人代求，胸懷普世；只要我們有心，就算我們不曉得怎樣禱告，「聖靈會用說不出來的歎息，替我們禱告」。讓我們努力作個忠心禱告的守望者！

第 14 天　　兩難之間

因我活著就是基督，我死了就有益處。但我在肉身活著，若成就我工夫的果子，我就不知道該挑選甚麼。我正在兩難之間，情願離世與基督同在，因為這是好得無比的。（腓一 21～23）

保羅的兩難是甚麼？保羅若是「生」(肉身活著)，是為主工作；若是「死」(與基督同在)，是回到主那裏——是生是死，對他來說，兩者皆好。這可不是一般人的想法。留戀塵世的人多的是，厭世求死的人也有不少。對兩種極端不同的人，生與死，似乎只能二擇其一。真基督徒對生死的看法與世人大不同，能夠在生死的兩難之間作出合宜選擇，背後的基礎，是擁有豐盛的生命和真實的盼望。

反思：我們到了今天的這一刻，是願意留在世上？還是想望快快回天家？我們怎樣看生死？對離開世界之後的事，我們在信仰裏找到真正的盼望和把握嗎？

禱文：主啊！求主使我不單在頭腦上更深明白生死的奧義，並在心靈深處扎根於基督，活出豐盛的人生和盼望！

第 15 天　因愛作抉擇

我正在兩難之間，情願離世與基督同在，因為這是好得無比的。然而，我在肉身活著，為你們更是要緊的。我既然這樣深信，就知道仍要住在世間，且與你們眾人同住，使你們在所信的道上又長進又喜樂，叫你們在基督耶穌裏的歡樂，因我再到你們那裏去，就越發加增。（腓一 23～26）

在兩難之間，保羅假設自己能挑選「生」與「死」。他最終挑選了甚麼？他挑選了「生」——「在肉身活著」為主工作。他取決的原則是：繼續在世活著能幫助別人長進，他認為這「更是要緊的」！為別人的好處而活，愛人（背後的原因是愛神）是最高原則。有時候選擇繼續活著並不容易，當我們臨到個人的極限，或是面對生命中種種無奈，可能有時真會想一死了之！但因為愛，選擇勇敢活著！

反思：在我們「仍要住在世間」的日子，你準備怎樣事奉神，以愛服事教會的弟兄姊妹？建議你細心思想弟兄姊妹的需要，並列出具體可行的行動計劃，獻上禱告，嘗試實踐。

禱文：主啊，感謝祢賜我生命，也讓我仍留在世間。願祢使用我，為愛人而活，不浪費自己的生命。

II.

與福音相稱的生活

第 16 天　與基督福音相稱

只要你們行事為人與基督的福音相稱，叫我或來見你們，或不在你們那裏，可以聽見你們的景況，知道你們同有一個心志，站立得穩，為所信的福音齊心努力。（腓一 27）

保羅將信徒的「行事為人」與「基督的福音」兩者，好像擺在天平上稱重量一般，以此勸勉信徒該如何生活。我們的「行事為人」，如何活得「與福音相稱」呢？首先，我們既然信福音，得了神的恩典，就不應忘記神恩，應按神所施的恩去行事，譬如神既有赦罪之恩，我們便不應隨意犯罪。其次，就是在我們的生活中，必須包括傳福音、作見證這部分，成為好像呼吸一樣的習慣。我們活得「與基督的福音相稱」嗎？

反思：請誠實檢視自己的行事為人，能稱得上「與基督的福音相稱」嗎？若不，問題在哪裏？若是，可有進步的空間？

禱文：主基督啊！祢是察透人心的主，求祢助我誠實對己對人對神，使我的生命與福音更相稱。

第 17 天　　認清敵我

凡事不怕敵人的驚嚇，這是證明他們沉淪，你們得救都是出於神。因為你們蒙恩，不但得以順服基督，並要為他受苦。你們的爭戰，就與你們在我身上從前所看見、現在所聽見的一樣。（腓一 28～30）

基督徒不是沒有敵人的嗎？保羅所講的「敵人」是誰？在眾多的解釋上，最合理是指撒但和其差役，因為他們是一定沉淪的一羣。從經文中可見，他們其中的一個工作，是透過種種方法「驚嚇」信徒，例如逼迫困苦等，意思是動搖我們對神的信心。但那些「敵人」既針對我們的義行，豈不證明我們其實正是屬於神的一羣嗎？真正的信仰，並不是只有順境的「幸福音」。與撒但對抗的屬靈爭戰是真實的，為主受苦亦非空談。

反思：敵人驚嚇我們，讓我們落在苦境之中，那麼我們的信心是否堅定、不容易動搖呢？我們有沒有在有意無意之間，逃避屬靈的爭戰，只想做一個享受安舒的基督徒呢？

禱文：我的神啊！求祢讓我脫離兇惡，也加添我堅忍的信心。

思考課題 4

聖經提到希望信徒的愛心增多，但生活中有時會看到信徒缺乏愛心的壞見證，我們該怎樣面對？

要明白在紛亂邪惡的世代，說自己是「基督徒」的人不少，但他們不一定是真基督徒。聖經也從不避諱信徒也是會犯罪這事實；信徒不是完美的人，也會犯罪，我們的愛本來就不完全。正因為人的軟弱，聖經多番提醒基督徒不要習慣犯罪，要活出好見證。保羅甚至在哥林多前書中，指導教會領袖如何處理在教會中發生的不同罪惡。我們必須常常真誠地檢視自己的生命，不斷倚靠聖靈所賜的力量，不再為罪所勝所捆綁。

若我們見到一些「壞見證」，又應該怎樣面對呢？就如上面所說，我們既明白人是軟弱的，首先要學習為做出「壞見證」的信徒禱告，求主改變他們。但若可以親自私底下提醒當事人，就盡量用愛心勸告，互相守望；

若對方願意接受而改變，豈不是件美事？

此外，倘若自己因聽聞一些「壞見證」，而產生了憤怒的情緒，禱告也是最佳的回應方法。我們不僅僅是判斷別人的對與錯（其實神是知道的），更要為被壞見證所傷害的人禱告。若可以，你可用你自己的見證和聖經的說話，幫助受傷害的人明白「壞見證」的因由。我們甚至可以就著事件的性質，求主彰顯祂的公義及管教，祂必垂聽我們的禱告，我們要相信神有祂最奇妙作工的時間。但願我們不要被那些壞見證所影響，卻以它們為自己的鑑戒，努力活出好見證！

第 18 天　一模一樣？

所以，在基督裏若有甚麼勸勉，愛心有甚麼安慰，聖靈有甚麼交通，心中有甚麼慈悲憐憫，你們就要意念相同，愛心相同，有一樣的心思，有一樣的意念，使我的喜樂可以滿足。（腓二 1～2）

本段經文開首的「所以」是個重要的連接詞，連起「因為你們蒙恩」(一 29)——我們知道大家既是蒙神恩典，就彼此勸勉(即鼓勵)、安慰(即言語的勸慰)、交通(即團契)和憐憫(指實質的行動)。二章 2 節多次提到「相同」和「一樣」，並非說每個信徒如倒模般一模一樣，而是指「合一」。信徒合一的基礎，總是由基督開始，並在愛心行為上實踐出來。牧者喜樂滿足的原因在哪裏？簡單，就是弟兄姊妹真正表現出愛心的合一——「行事為人與基督的福音相稱」(一 27)。

反思：請檢視一下你現在的教會生活。我們是否只將「愛心」和「合一」掛在嘴邊？嘗試實際行動，去跟曾得罪你的人復和，去關懷被你多次忽略的「小子」。

禱文：主啊！有時覺得在主裏合一真不容易實踐！求主讓我常常先謙卑自省，主動去愛人。

第 19 天　別人為首

凡事不可結黨，不可貪圖虛浮的榮耀；只要存心謙卑，各人看別人比自己強。各人不要單顧自己的事，也要顧別人的事。

你們當以基督耶穌的心為心……（腓二 3～5）

可能我們會覺得自己並沒有做「結黨」那麼嚴重的事，但這詞原意為「營私爭勝」，指出了教會信徒間不時出現的真實現象。我們稍一不慎，會落入追求權位、事奉有私心、好爭勝的迷失中！怎樣解決？保羅提議信徒做兩個「手術」：換「首」——不是以自己為首，是以別人為首，看別人比自己強，真誠關心別人的事；換「心」——基督的心，一顆謙卑的心。

反思：我們能真誠檢視自己在生活、工作和事奉上，有沒有營私爭勝的心嗎？倘若你現在是教會的其中一位領袖，你可曾為著自己身處領導位置而沾沾自喜，戀棧權位，甚至操控別人？若曾經如此，要趕快在神面前認罪悔改啊！

禱文：求主赦免我，去除我內心深處所有潛藏的一丁點自私心，換上捨己為人謙卑的心。

第 20 天　　謙卑倒空

你們當以基督耶穌的心為心：
他本有神的形像，
不以自己與神同等為強奪的；
反倒虛己，
取了奴僕的形像，
成為人的樣式；
既有人的樣子，就自己卑微，
存心順服，以至於死，
且死在十字架上。
所以，神將他升為至高，
又賜給他那超乎萬名之上的名，
叫一切在天上的、地上的，和地底下的，
因耶穌的名無不屈膝，
無不口稱「耶穌基督為主」，
使榮耀歸與父神。（腓二 5～11）

保羅在這段特別用了詩歌的體裁。被喻為「基督頌」的讚歌，每一個字詞都精雕細琢，在基督論的研究中，本段是重要的經文。在上文保羅正勸勉信徒要「心存謙卑」，然後便寫出這「基督頌」，內容特別強調基督的謙卑，所以本段是他勸勉信徒行道的基礎——因基督降世為人是何等的謙卑，我們也要跟隨主腳蹤，學習謙卑。6 至 7 節基督的「虛己論」，講述基督打從一開始，從高天下到凡塵，「本有神的形像」，卻「不以自己與神同等為強奪的；反倒虛己」，意即祂不以自己本有神性的地位把持不捨，反倒願意謙卑倒空自己。謙卑的第一步，就是能放下身段。

反思：我們是否有很多東西「把持不捨」? 這些東西是否攔阻我們謙卑下來？又因為甚麼緣故，我們願意放下這些東西？請仔細想想，勇敢並真誠地面對自己。

禱文：主啊！讓我學習放下，真正活出謙卑的生命，使人從我身上看到基督。

第21天　順服至死

反倒虛己，

取了奴僕的形像，

成為人的樣式；

既有人的樣子，就自己卑微，

存心順服，以至於死，

且死在十字架上。（腓二7～8）

基督徒可能因為聽得太多，有時對耶穌基督救恩的內容變得麻木了。當我們嘗試用不同角度去看、去反思，我們或會再次對基督的謙卑、捨身救贖發出讚歎。謙卑，是連「神性的地位」都可以放下；謙卑，是可以接受「成為人的樣式」，甚至一些人眼中地位最低微的——奴僕的形像、釘十架被羞辱的死囚！「自己卑微，存心順服」強調耶穌的謙卑和順服，都是自願和發自內心。這怎可能？只因為愛。救恩啊，救恩！

反思：我們有沒有在認識基督、信仰和生命上怠惰因循，不敏於反思？你會嘗試主動參與一些退修營或靜修操練課程，讓屬靈導師幫助你學習如何在神面前安靜、默想和等候嗎？

禱文：求主憐憫我！讓我深深思想、體會基督的謙卑、順服與愛的救恩，使我在靈裏不至麻木因循。

第 22 天　　升為至高

所以，神將他升為至高，
又賜給他那超乎萬名之上的名，
叫一切在天上的、地上的，和地底下的，
因耶穌的名無不屈膝，
無不口稱「耶穌基督為主」，
使榮耀歸與父神。（腓二 9～11）

「升為至高」、「超乎萬名之上的名」，是不少世人一生醉心的追求⋯⋯甚至有人會不擇手段、犧牲別人來成全自己。在社會上，我們眼見位高權重者，每每有為了自保、達到目的，連人格也可以喪盡，行為可恥，令人憤怒、叫人哀歎！聖經信仰卻反其道而行。基督如何「升為至高」? 是因祂的謙卑、順服，犧牲捨命成就十架救恩，神就使祂高升，賜給祂至高之名，叫萬國萬民都要向耶穌屈膝，眾口同稱祂為主，以致父神得著榮耀！這信仰的弔詭，正是基督徒倫理的奧祕！

反思：我們相信追求真正的謙卑、順服和犧牲捨己的人，其實是一個有福的人嗎？到了時候，神會使這些人升高（參雅四 10），你對這應許有信心嗎？

禱文：主基督啊！我願跟隨祢的腳蹤、順服祢，謙卑自己，成為別人的祝福。

思考課題 5

聖經有提到天堂和地獄嗎？是不是好人死後會上天堂，壞人就下地獄？

聖經當然有提到天堂和地獄，這是基督教的重要信仰，指出所有世人離開世界後必要去的地方。天堂，是永恆的天家，在那裏有神的同在和祂的榮耀，再沒有痛苦和眼淚，乃信徒永恆的歸宿。相反，地獄乃是沒有盼望和快樂之地，本來是為刑罰和審判魔鬼所預備的地方，在那裏沒有神的同在，極黑暗、要一直受苦。

我們要留意，中文聖經用「天堂」和「地獄」來描述所有人將來終極的去處，是借用了「佛教」的字眼來翻譯。當中所代表的字詞雖然概念相近，但真正的含義仍是有所不同的，我們必須從聖經所記載的去了解天堂地獄的情況。

那麼是否好人能上天堂得永生？壞人就下地獄？首

先所謂好人壞人，各人的標準也不盡相同。本來我們犯罪，都需要承擔罪債，按本質人人都是上不了天堂的，得救乃在乎神的恩典！神早在創世以前已為我們預備一個救贖計劃，拯救失喪的世人。祂更親自來到世上，就是耶穌基督，完成這救贖計劃，在十字架上替人代罪受刑，並復活升天，賜人生命，使人脫離死亡。人只要認罪悔改，相信、接受救主為人預備的豐盛、永恆生命，就可以得救。換言之，無論是任何人，只要按上面所描述的，相信、接受神的福音，就能得著永生，將來必能上天堂。若不願意接受救恩，自然要下地獄了。故此得救並不是靠行為，是憑信心，信徒是因信耶穌而被神稱為義的。

那麼從未有機會聽聞福音的人，是否會同時失去得救、上天堂的機會呢？我們不需要擔心，在羅馬書二章，保羅已說明了神罰惡賞善的原則。神是無所不知、無所不能、公義、慈愛的救贖主，祂知道世人的心，祂也不偏待人，祂最終會按公正公義審判世上每一個人。

第 23 天　　順服神，從心發出

這樣看來，我親愛的弟兄，你們既是常順服的，不但我在你們那裏，就是我如今不在你們那裏，更是順服的，就當恐懼戰兢做成你們得救的工夫。因為你們立志行事都是神在你們心裏運行，為要成就他的美意。（腓二12～13）

一個信徒、一間教會真正順服神，並不是只在牧長傳道「在場」提醒之下，才會想起順服。保羅欣賞腓立比教會是「常」順服的，因為那是他們從心發出的。簡單來說，遵行主道、順服神，就是不看重人的身分、地位或背景。不少信徒聽道時的問題，是只看講者是否德高望重、是否擁有高學歷，卻沒有真正聆聽神的道——神的道可以出自任何人之口；神的道只要存在心中，人任何時間都可被神感動。

反思：我們若要做個稱職的福音使者，自己要先學習好聆聽神並順服神。我們可做到嗎？可試試在聽道時學習做講道筆記，之後與弟兄姊妹回顧所得，進深討論，互相提醒。

禱文：主啊，願我聆聽祢的話，走祢要我走的路——每時每刻。

第 24 天　做成你們得救的工夫？

這樣看來，我親愛的弟兄，你們既是常順服的，不但我在你們那裏，就是我如今不在你們那裏，更是順服的，就當恐懼戰兢做成你們得救的工夫。因為你們立志行事都是神在你們心裏運行，為要成就他的美意。（腓二12～13）

這句經文常被誤解為暗示了可以靠行為得救，但當然不是。「做成你們得救的工夫」可譯為「活出你們自己的救恩」，意思是信徒要將自己所領受的救恩，透過生活行為活出來，這正是不斷地完成神在我們身上的計劃。信徒悔改得救的一刻，不過是其屬靈生命的起點，神的心意卻是要我們完全得救——包括人生每一部分的成長以至將來身體得贖。信徒在這過程中有責任「做成得救的工夫/工作」，配合神在信徒，也即教會身上的救恩計劃。因此我們的態度當十分認真，「恐懼戰兢」！只有敬畏神的心，才能發展出成熟的生命，成就神在我們身上救恩的計劃。

反思：發現神在我們身上的救恩計劃是何等重要，要改變我們一生的方向，使我們最終完全得救！你是否已經清楚神在你身上的美好計劃？

禱文：神啊，我何等渴慕明白祢在我身上的救恩計劃！願我繼續明白祢的心意，立志跟隨祢。

第 25 天　在亂世中如明光照耀

凡所行的，都不要發怨言，起爭論，使你們無可指摘，誠實無偽，在這彎曲悖謬的世代作神無瑕疵的兒女。你們顯在這世代中，好像明光照耀，將生命的道表明出來，叫我在基督的日子好誇我沒有空跑，也沒有徒勞。（腓二 14～16）

「這彎曲悖謬的世代」，遙遙與主耶穌說「又不信又悖謬的世代」(太十七 17) 呼應。兩千年過去，「這世代」似乎沒有變得更美好，因為人的罪性本質沒變，世界只有更亂、更黑暗，只要打開報紙，例子俯拾皆是。是故，保羅提醒信徒他們的兩個身分，這在此亂世中作定位，極為重要：神無瑕疵的兒女，世上的明光 (參太五 17)。這兩個身分都指著一個方向 —— 肩負在這世代中作見證的責任。信徒「將生命的道表明出來」是口傳身證神的道，是整個生命的表彰。

反思：在亂世中作見證難嗎？怎樣才是如明光般照耀，光芒四射？在這黑暗世代中，最需要怎樣的基督徒呢？

禱文：主啊！求祢將我內裏的黑暗驅走！將我裏面生命的光釋放出來，照耀這黑暗世代！

第 26 天　品格與口德

凡所行的，都不要發怨言，起爭論，使你們無可指摘，誠實無偽，在這彎曲悖謬的世代作神無瑕疵的兒女。你們顯在這世代中，好像明光照耀，將生命的道表明出來，叫我在基督的日子好誇我沒有空跑，也沒有徒勞。

（腓二 14～16）

要做「神無瑕疵的兒女」，一聽似乎會覺得沒有可能。但這是身分定位的問題，神的確已洗淨我們的罪，神既看我們為可以是無瑕疵的，這就可以成為我們的目標。怎樣達成？從說話開始。「發怨言」和「起爭論」是針對無謂的怨言和爭論，「誠實無偽」也包括在言語上老實，背後反映了內裏品格的誠信。在彎曲悖謬的世代中，虛謊的歪理橫行，基督徒卻不能隨波逐流，被世界同化，反要改變世界！

反思：我們能否客觀地檢視自己的所言所行？這是一大挑戰，人通常難以接受真實的自己。你是否願意以真正謙卑和敏銳的心，發現並面對自己個人的盲點？

禱文：主耶穌啊，求主繼續光照我，謹守自己的舌頭，保守自己的生命不會隨波逐流，成為行屍走肉的假信徒。

思考課題 **6**

在紛亂的世代，要做個滿有喜樂的信徒甚難。祕訣在哪裏？

作為忠心跟隨主的門徒，在這紛亂的世代，常見到不義和罪惡，心中容易產生憂傷或憤怒的情緒。的確不容易啊！那麼我們仍可以活得喜樂嗎？細心閱讀腓立比書，保羅多次鼓勵信徒「要常常喜樂」(腓四 4)，這並不是空談，因為喜樂的祕訣，明顯不在環境的好壞——不要忘記他那時仍在監牢中呢！他之所以能夠喜樂，是注目在天上。

信徒能夠活出一個喜樂的人生。第一，常常禱告能超越環境，叫人得著出人意外的喜樂平安(腓四 6～7)。常常靈修，與主親近，神要賜喜樂滿足給你！第二，在信徒羣體中同心彼此建立，人在愛中彼此謙讓、勉勵，誤會可以復和；廣闊的心胸，饒恕、放下，也讓我們得著喜樂的心靈。第三，專注於神的恩典與盼望，人在困難中自能看見神的恩典，在苦罪中看見神的美善，在黑暗中能生出盼望和喜樂。

最後，有一種喜樂，是作為忠心的事奉者才會體會到的，就是若有一天，我們看到事奉的果效，見證我們所幫助的信徒一步步在主裏成長，成為成熟的門徒。這就是事奉者最大的喜樂！（腓二 17）但願我們立志成一個忠心的事奉者，得著滿足的喜樂！

第 27 天　　澆奠怎喜樂？

將生命的道表明出來，叫我在基督的日子好誇我沒有空跑，也沒有徒勞。我以你們的信心為供獻的祭物，我若被澆奠在其上，也是喜樂，並且與你們眾人一同喜樂。你們也要照樣喜樂，並且與我一同喜樂。（腓二 16～18）

保羅以「信徒的信心」為獻給神的祭物。他這樣說，是表達他的事奉是對準神，因此他以自己事奉的果效，即信徒的信心有長進為祭獻給神，並不以榮耀自己為目的。「澆奠」是以舊約「奠祭」為背景，意味完全傾盡的一種委身，暗示保羅願意為所牧養的信徒捨命！信徒長進，牧者就喜樂；保羅教導信徒，要以他能為信徒委身這事而「照樣喜樂」，因為這並不是痛苦的犧牲，乃是神的恩典。保羅確是一個無私奉獻事奉者的好榜樣。

反思：對我們的服事對象、傳福音和栽培對象，我們委身的程度如何？你願意為你的服事對象擺上時間和心思，純粹為了他們能在屬靈生命上得著長進嗎？保羅的榜樣對我們有何啟發？

禱文：求主讓我擁有像保羅一樣的精神，在服事上無私委身，並且能愈事奉愈喜樂！

第 28 天　　心掛掛

我靠主耶穌指望快打發提摩太去見你們，叫我知道你們的事，心裏就得著安慰。因為我沒有別人與我同心，實在掛念你們的事。別人都求自己的事，並不求耶穌基督的事。（腓二 19～21）

保羅是事奉者、佈道者的模範，這可從他的分享清楚看見。他無論身在哪裏（腓立比書的處境是他正被軟禁中），都記掛弟兄姊妹的情況。正因他掛念教會，便計劃盡快打發徒弟提摩太去，深入了解教會的實況。想到這裏，他感歎沒有人與他同心，會掛念教會的小羊！原因是別人都只顧自己的事。保羅直接指出，只求自己的事其實即不求耶穌的事。這對我們簡直就是當頭棒喝！

反思：我們是否掛念所牧養、栽培和帶領的小羊，或只顧自己的事？「心掛掛」的所在，完全反映我們是否重視耶穌的事。不要遲疑了，給你所關心的人一個愛心的問候，並相約詳談近況，互相勸勉和守望吧。

禱文：主耶穌基督啊，求祢赦免我經常太注重自己的事，沒有掛念祢的事——祢交給我們跟進牧養的小羊。求主使我有祢的心腸。

第 29 天　提摩太服事的明證

但你們知道提摩太的明證；他興旺福音，與我同勞，待我像兒子待父親一樣。所以，我一看出我的事要怎樣了結，就盼望立刻打發他去；但我靠著主自信我也必快去。（腓二 22 ～ 24）

提摩太如何作保羅的徒弟？他所行的是事奉的明證。這包括三方面：第一，提摩太興旺福音，以傳福音為首要的事奉；第二，他與保羅「同勞同工」，表達了在事奉上和傳福音上的勤勞，也能與人同工合作；第三，他服事保羅如同兒子待父親一般，這就超越了「工作」，是一種尊重長輩、出自愛心貼身的服事。保羅稱讚提摩太，也是請教會以他為事奉的榜樣。

反思：我們會不會有事奉，卻沒有以傳福音為首要？會不會有事奉，卻沒有盡力去做？會不會有事奉，卻斤斤計較，按章工作，而不是出於愛的服事？若我們真的如此，請在主面前認罪悔改，重新再上路。

禱文：「主啊！求祢讓我愛而不受感戴，讓我服事而不受賞賜，讓我盡力而不求被人記念，讓我受苦而不被人目睹……」(這是參考自著名詩歌《讓我愛》的歌詞，但願它成為我們今天的禱告。)

第 30 天　以巴弗提拼命的服事

然而，我想必須打發以巴弗提到你們那裏去。他是我的兄弟，與我一同做工，一同當兵，是你們所差遣的，也是供給我需用的。他很想念你們眾人，並且極其難過，因為你們聽見他病了。他實在是病了，幾乎要死；然而神憐恤他，不但憐恤他，也憐恤我，免得我憂上加憂。（腓二 25～27）

以巴弗提可能是新約聖經裏既熱心事奉，卻最被忽略的其中一位。保羅一口氣說出這位事奉者的五重身分：是「主裏的兄弟」，是屬靈上的親人，情如手足；是「主裏的同工」，一同事奉神，在事工上合作配搭；是「主裏的戰士」，是為主爭戰的緊密戰友；是「受差的使者」，是教會所信託、帶著使命的使者；是「供給的使者」，是幫助人，供應保羅需用的。最令人感動的，是他為了服事，甚至病倒了，幾乎擺上自己的性命！

反思：以巴弗提的五重身分，有多少個也是我們的身分？他如「拼命三郎」那樣服事，我們曾這樣為別人而「蹦身」嗎？

禱文：主啊，我雖卑微，求主用我，委身別人，生命活得燦爛有價值。

第 31 天　　尊重委身事奉者

他〔按：以巴弗提〕實在是病了，幾乎要死；然而神憐恤他，不但憐恤他，也憐恤我，免得我憂上加憂。所以我越發急速打發他去，叫你們再見他，就可以喜樂，我也可以少些憂愁。故此，你們要在主裏歡歡樂樂地接待他，而且要尊重這樣的人；因他為做基督的工夫，幾乎至死，不顧性命，要補足你們供給我的不及之處。（腓二27～30）

保羅特別提醒腓立比教會「要在主裏歡歡樂樂地接待他，而且要尊重這樣的人」，暗示該教會的信徒對這位原本來自他們中間的以巴弗提，過往可能未有特別尊重。原因或是他其貌不揚？或是他出身寒微？不論因何理由，按保羅的經歷與觀察，可以見證他的服事是如何委身。他因耗盡而病重，神卻憐憫他，保守他的性命。保羅也放下心頭大石！腓立比教會要學的，是尊重和欣賞委身事奉的人，尤其他本來就是他們的一分子。我們尊敬委身事奉和傳福音的人嗎？

反思：表面上平庸的普通人，他們背後的事奉，可能比我們想像中更委身！我們有沒有輕看一些我們以為不重要的人呢？請誠實檢討自己有沒有委身事奉的心志。

禱文：求主感動我，常常學習以巴弗提的榜樣，更聽從保羅的勸戒，接納和尊敬那些看來不起眼，卻忠心默默耕耘的福音使者。

思考課題 7

我們需要大型佈道會嗎？

舉辦佈道會，在傳統上是不少教會讓未信的朋友接觸信仰的一個有效方法。在聖經裏，我們可以看見一些例子。例如施洗約翰，他在猶大曠野向當時的人大聲疾呼；耶穌多次在公開場合，在聖殿、會堂及城鄉公開講道教訓人；而使徒行傳記載使徒彼得向幾千人講道，一時間有五千人信主。這些都可說是在不同地點、不同情況下舉行的「佈道會」呢。因此，不論是預先有計劃，還是在一些獨特的處境下出現的機會，多人聚集在一起，有人宣講福音，都可算是「佈道會」。

至於近代的大型佈道會，刻意鼓勵未信者在佈道會中作出「決志」的行動（即決定志向相信，接受耶穌），例如葛培理佈道大會，甚至達數萬十人參與，則是始於百多年前美國的奮興佈道家芬尼（Charles Finney）。在當時的社會背景底下，我們看見神大大使用了那些佈道會。那時多人信主，對整個城市和國家產生屬靈的震撼，甚至改變、塑造了當代的基督教文化。

辦佈道會傳福音並不是一件壞事，但時代一直在轉變，近年有不少信徒或領袖質疑投入大量金錢去舉辦超大型佈道會，究竟是否真有成效和值得。這是十分值得思考的問題。筆者認為，舉辦佈道會，無論是大型的還是小型的，若沒有小心的計劃及妥善的安排，就不容易有成效，有時甚至是一種浪費。此外，有些教會認為，推動福音工作只是一年辦一兩次佈道會，這就是做好了福音工作，也是很有問題的傳福音觀念。

舉辦佈道會的好處，除了能接觸新朋友，對事奉者來說，更可學習團隊事奉。但佈道會實在有其限制，佈道會的性質本來就不是一種互動的、關係式的佈道。無論辦多少次佈道會，就是在佈道會有人信主，也必須配合個人的跟進。因為在佈道會中決志者，信仰知識仍不夠全面，要投入屬靈羣體中，才能在主裏健康地成長。另一方面，我們每個信徒更需要的，是帶著福音的使命，學習個人佈道作見證。

III.

深度追求基督

第32天　　內有惡犬

弟兄們，我還有話說，你們要靠主喜樂。我把這話再寫給你們，於我並不為難，於你們卻是妥當。應當防備犬類，防備作惡的，防備妄自行割的。因為真受割禮的，乃是我們這以神的靈敬拜、在基督耶穌裏誇口、不靠著肉體的。（腓三1～3）

三章2節可譯作：「你們要提防那些『狗』!」很難想像一位德高望重的神僕，會用這樣重的語氣形容那些傳揚錯誤道理的人！那些教會裏的猶太律法主義者，傳講人要靠割禮、守律法才能得救。人所傳講的道理，若會影響別人不能得著救恩的話，是代表神的真正的傳道者絕對不能夠接受的！「真受割禮的」，是相對於「靠著肉體（的割禮）」而說。基督徒純粹信靠主耶穌的救恩，因信而心受割禮，用心靈誠實、以神的靈來敬拜。聖經對於這件事的認真程度，我們不能掉以輕心。

反思：我們重視別人是否得著救恩嗎？對於錯誤的道理在教會裏被傳揚，我們有保羅那樣的心腸，緊張守著真理、恨惡傳錯謬道理者嗎？

禱文：主基督啊！求主加給我傳福音的負擔，也加給我一顆願意守護真理，堅強勇敢的心。

第 33 天　自己的條件可靠嗎？

其實，我也可以靠肉體；若是別人想他可以靠肉體，我更可以靠著了。我第八天受割禮；我是以色列族、便雅憫支派的人，是希伯來人所生的希伯來人。就律法說，我是法利賽人；就熱心說，我是逼迫教會的；就律法上的義說，我是無可指摘的。只是我先前以為與我有益的，我現在因基督都當作有損的。（腓三 4～7）

保羅「可以靠肉體」的七大條件，大概可分為兩類。第一大類，是個人背景的優越（5 節上）：一是「第八天受割禮」，是根據神律法的條例；二是「以色列族」，並非外邦歸化；三是「便雅憫支派的人」，以色列第一個君王掃羅是由此而出的；四是「希伯來人所生的希伯來人」，是百分之百的以色列人。第二大類，是個人努力的優越（5 下～6 節）：一是「就律法說，是法利賽人」，他出身自當時最敬虔的教門；二是「就熱心說，是逼迫教會的」，他是當中最熱心的人；三是「就律法上的義說，是無可指摘的」，在別人看來，他所行的是極其敬虔的。

他在當時完全具備可以誇口的個人條件。但是，認識基督以後，這些所謂的條件，保羅竟然完全看為無益，相反甚至招損！

反思：我們會不會自以為有條件可靠，可以取悅神？我們有沒有意識到，這種想法可能會使我們愈來愈遠離進深認識基督的路徑？

禱文：願主使我能不亢不卑，在神的救恩面前，自己縱有才幹，都不忘一切是神的大恩。讓我緊緊倚靠祢，跟隨祢。

第 34 天　最極端的得救見證？

只是我先前以為與我有益的，我現在因基督都當作有損的。不但如此，我也將萬事當作有損的，因我以認識我主基督耶穌為至寶。我為他已經丟棄萬事，看作糞土，為要得著基督……（腓三 7～8）

隨著年紀漸長，有時我們回想自己過去的人生，當時覺得做某些事、得到某些東西是「與我有益的」，但今天卻已有不同的體會，甚至覺得是「有損的」。名與利，離世時帶不走，並不永恆，還經常因而令人添上極多的煩惱。所以保羅認為，「先前以為與我有益的，我現在因基督都當作有損的」，是太誇張嗎？若保羅所相信的主基督耶穌真是「至寶」的話，那有何出奇呢？保羅的話說得很「盡」；他為主基督丟棄萬事，看作糞便（原意如此），一生為要得著基督這「至寶」。這樣極端的見證的關鍵是，主基督耶穌是否上帝的兒子、天國大君王、永遠的祭司和救主。若答案是「是」，那麼又何以稱得上極端呢？

反思：我們真覺得所信的主基督耶穌是至寶嗎？我們是死氣沉沉地信耶穌，還是滿有激情地見證主？

禱文：啊，主啊！祢是我的救主，最寶貴的真神。但願我熱誠地信靠祢，傳揚祢，見證祢！

第 35 天　得著基督的義

不但如此，我也將萬事當作有損的，因我以認識我主基督耶穌為至寶。我為他已經丟棄萬事，看作糞土，為要得著基督；並且得以在他裏面，不是有自己因律法而得的義，乃是有信基督的義，就是因信神而來的義……（腓三 8～9）

得著基督，另一表述是「並且得以在他裏面」(9節)，這是天人合一的屬靈關係。「有信基督的義，就是因信神而來的義」，重點在得著真正的「義」，不是保羅以前追求的那種「因律法而得的義」。以前的那種「義」，著重自己努力遵守律法，所以會產生優越感、驕傲，其實是很自我的。今天的一種「義」，全是恩典的賜予，是靠著基督的救贖，是直接從神而來的，焦點是神自己。神使人因信稱義，這是日後追求更深地「得著基督」的基礎。保羅正因深深明白福音真理，因此能丟棄相對是次好的萬事，追求上好的，免得浪費人生寶貴的光陰！

反思：我們所有的，究竟是丟棄基督，得著萬事的自義？還是丟棄萬事，得著基督的自我謙卑？

禱文：主基督啊！讓我的心以祢為寶貴，而不是看重那些短暫、有限卻吸引人的「萬事」。

思考課題 8

基督徒一定要為主受苦嗎？

人生在世必有苦難，但基督徒面對苦難時有點不一樣，因為我們有終極永恆的盼望，也有神的安慰，教會弟兄姊妹的代禱同行。我們不是被虐狂，愛苦難，或會自己找苦來受；只是基督徒面對苦難時，因著有信仰，與一般人有不同的回應和看法。但有一種苦難，只有基督徒才會面對，就是「為主受苦」。

為甚麼基督徒會為主受苦？儘管各人在世上的經歷都不盡相同，但因為基督徒的信仰及道德原則與世界不同，若要真誠活出信仰，多少都會面對世人的排斥，更可能受到迫害，故此，基督徒一生或多或少都會為主受苦。彼得提醒我們，面對這罪惡的世界，我們必須常存受苦的心志，作為人生的「裝備」。彼得認為，為義受苦的事，在主看來是「可喜愛的」(彼前二 19～20)，因為這是一個真基督徒必會經驗到的。

耶穌基督生命的榜樣，就是為義受苦的腳蹤(彼前二 21～24)。在腓立比書裏，保羅追求有分於基督的受苦，這是他靈命進深到高峯時的祈盼。事實上，在多年的傳道過程中，他經歷艱辛，被追殺、捉拿、下毒手、被監禁……實在是不住地為主受苦。同樣，傳揚基督天國的福音，世人不一定歡迎你，我們必須作好預備，面對人的抗拒，嚴重者甚至面對性命危險。信徒為見證主而做好事，為傳揚真道這崇高目的而受苦，甚至犧牲，值得嗎？相信答案已在忠心事奉的信徒心裏。

第 36 天　追求認識基督

使我認識基督，曉得他復活的大能，並且曉得和他一同受苦，效法他的死，或者我也得以從死裏復活。（腓三10～11）

保羅「認識基督」的追求，主要不是指在知識上而言。就當時希臘文化的背景來說，是較注重知識層面的那種「認識」，但按猶太文化的習慣，並本段經文的上文下理用字，這裏的「認識」很清楚是指到體驗和經歷方面而言的。認識基督，首先，是能力上的追求：「曉得他復活的大能」；其次，是有分於受苦的追求：「曉得和他一同受苦」。這第二個「曉得」，原意與之前一個不同，是「團契、分享」之意。最後兩方面，是「效法他的死」和「或者我也得以從死裏復活」，都是強調保羅自己如何體驗耶穌的經歷。認識基督，是經歷基督！

反思：我們過往經歷過基督復活的能力嗎？我們體驗過其受苦的經歷嗎？閱讀一本宣教士的傳記見證，嘗試從中認識基督徒可如何經歷基督。

禱文：為我們受苦、死而復活的主基督啊！求祢使我認識祢更深，不只是頭腦知識上，更是在體驗和經歷上。

第 37 天　　或者得以從死裏復活？

使我認識基督，曉得他復活的大能，並且曉得和他一同受苦，效法他的死，或者我也得以從死裏復活。（腓三10～11）

這兩節經文（10 ～ 11 節）是著名的難解經文之一。耶穌的死，保羅怎樣效法？難道他嘗試去死？「或者……得以……復活」更難明，保羅不是有把握得著復活的生命嗎？他這個說法好像沒有得救和復活的把握一般。其實「效法」這詞的原意是「相同於形體」，所以保羅想表達的，是他願望為基督受苦，自己甚至想追求達到一個程度，像主釘十字架受苦的程度一般。下文同理，保羅希望自己的生命，或者能達到像主耶穌的那種地步，從死人中復活，表現出終極的豐盛生命、極豐富的靈命階段。按此，「從死裏復活」應為一種文學修辭表達，多於直接字面理解。保羅追求「認識基督」的深度，因此他嘗試把自己追求基督的靈命經歷，套入整個基督生平（包括降卑、受苦、受死、復活和得榮耀）所彰顯的生命裏。他事實上是追求自己活像基督——「活著就是基督」（一 21）。

反思：我們追隨基督，是否願意學效基督為愛人而受苦？我們甘心為基督和信仰受苦，甚至願意為神擺上自己的生命嗎？你是怎樣學像基督的？

禱文：主基督啊！但願我能明白並領受，保羅的追求，就是我的追求。阿們！

第 38 天　人生的目標

這不是說我已經得著了，已經完全了；我乃是竭力追求，或者可以得著基督耶穌所以得著我的。弟兄們，我不是以為自己已經得著了；我只有一件事，就是忘記背後，努力面前的，向著標竿直跑，要得神在基督耶穌裏從上面召我來得的獎賞。（腓三 12～14）

這幾節經文非常著名，因為當中流露一種勤奮專注、勇往直前的精神，連坊間的廣告也曾引用。「我不是以為自己已經得著了」(13 節)，因為覺得自己不足，所以有動力竭力追求。保羅講出自己個人在追求信仰上的心路歷程：「忘記背後，努力面前的，向著標竿直跑」。誠然，有不少人在人生中都有他們自己的目標，也有如此專注的態度，這是好事。可是，專注追求的內容和目標，究竟是甚麼呢？名利？權力？自我實現？保羅在 12 節的意思也可以是：「或者可以得著基督耶穌所要我得的」，意即他想要得著的，正是主耶穌想要他得著的。原來，基督徒應追求的人生目標，是主想我們得甚麼，不是單單自己想得甚麼。

反思：我們是否有屬天的眼光，去追求主永恆的獎賞，而不單單注目於追求現世的享樂？我們所定的人生目標，是神要你走的路嗎？

禱文：主啊，我不是以為自己已經得著了，已經完全了。我要竭力追求，走祢要我走的路。

第 39 天　按部就班

所以我們中間，凡是完全人總要存這樣的心；若在甚麼事上存別樣的心，神也必以此指示你們。然而，我們到了甚麼地步，就當照著甚麼地步行。（腓三 15～16）

信主後怎可能成為一個「完全人」呢？其實這裏所表達的意思，是指「成熟的人」。領人歸主，不是單單帶領他們僅僅願意信主，更應以他們的靈命成熟為目標。所以 15 節的意思是，凡是靈命成熟的信徒，應該存有上一段經文所講，竭力追求得著基督的心志。若沒有這樣的心，神也會指示信徒當有這樣的心志。然而，雖然說要竭力追求，保羅卻提醒各人要按著力量而行，不能強迫。只要按部就班，靈命必然會日漸成熟。

反思：我們的靈命是否成熟？有沒有失卻追求的心？我們領人歸主，有沒有同時希望幫助對方成為一個靈命成熟的人？

禱文：主啊！求祢使我既有竭力追求認識祢的心，又有按部就班去學習、經歷的能耐。

思考課題 9

靈命成熟的人會有甚麼表現？

聖經告訴我們，基督徒必須在主裏成長（弗四 11～16）。但若論到一個信徒的靈命是否成熟，其實並不容易評斷，因為靈命不能用精準的數字來加以量度或計算。不過，我們可以從信徒生命的一些表現，看出其是否成熟，這裏亦會提出幾段經文作為參照。

羅馬書十二章是其中很精警的一段，論到一個得救的人必須委身及心意更新，並與教會肢體的互動之時，應有如此行為表現：「愛人不可虛假。惡，要厭惡；善，要親近。愛弟兄，要彼此親熱；恭敬人，要彼此推讓。殷勤，不可懶惰；要心裏火熱，常常服事主。在指望中要喜樂；在患難中要忍耐；禱告要恆切。聖徒缺乏，要幫補；客，要一味地款待。逼迫你們的，要給他們祝福；只要祝福，不可咒詛。與喜樂的人要同樂；與哀哭的人要同哭。要彼此同心；不要志氣高大，倒要俯就卑微的人。不要自以為聰明。不要以惡報惡；眾人以為美的事要留心去做。若是能行，總要盡力與眾人和睦。親愛的弟兄，不要自己伸冤，寧可讓步，聽憑主怒」（9～19節）。

另一段是提摩太前書三章，論到長老和執事應有的生命素質：「作監督的，必須無可指責，只作一個婦人的丈夫，有節制，自守，端正，樂意接待遠人，善於教導；不因酒滋事，不打人，只要溫和，不爭競，不貪財；好好管理自己的家，使兒女凡事端莊順服。人若不知道管理自己的家，焉能照管神的教會呢？初入教的不可作監督，恐怕他自高自大，就落在魔鬼所受的刑罰裏。監督也必須在教外有好名聲，恐怕被人毀謗，落在魔鬼的網羅裏。作執事的，也是如此：必須端莊，不一口兩舌，不好喝酒，不貪不義之財；要存清潔的良心，固守真道的奧祕。這等人也要先受試驗，若沒有可責之處，然後叫他們作執事。女執事也是如此：必須端莊，不說讒言，有節制，凡事忠心。執事只要作一個婦人的丈夫，好好管理兒女和自己的家。」（2～12節）從教會選立領袖的基本要求可見，能作領袖的成熟基督徒，必在家庭、教會，甚至教外的圈子中，於言語和行為、道德和品格上都顯出美好的見證。

主耶穌在世，曾頒佈「大誡命」(太二十二 37～40) 和「大使命」(太二十八 18～20)，忠心遵行的都是成熟的基督徒。還有樂意親近神，不自我，常檢視自己，對付罪，在世而不屬世，委身事奉，裏外如一，對人對神真誠，愛慕真理，傳承真理，滿結聖靈的果子……就實踐的層面，還有很多可留意的地方。總而言之，一生以神為中心，追求像主，可說必能成為一個真真正正成熟的基督徒。

第 40 天　效法好榜樣

弟兄們，你們要一同效法我，也當留意看那些照我們榜樣行的人。（腓三 17）

保羅這個講法是否驕傲？要別人「一同效法我」。他在二章講論謙卑，他在這裏不會忘記自己的教導而驕傲起來，搞個人崇拜。讀得仔細一點，他隨即說「那些照我們榜樣行的人」，顯示他事實上不是叫人單單效法他，乃是「照我們榜樣」。因此，他知道他自己所表現出來的生命，正是一個可以被信徒效法的標準。前文中，他剛表示自己如何專注追求基督，根本幾乎已沒有了自己。這類委身基督的人，就是信徒當追求學習的榜樣。我們當留意學習一心追求效法主榜樣的人，亦讓自己也成為別人的榜樣。

反思：我們的生命表現，可以如保羅般坦誠，成為初信者和其他信徒的榜樣嗎？可試試相約一位你佩服的屬靈長者或導師，與他們傾談，跟他們學習如何成為一個「有榜樣」的基督徒。

禱文：主啊，我願謙卑像祢。主啊，讓我能成為別人的生命榜樣。

第 41 天　基督十字架的仇敵

弟兄們，你們要一同效法我，也當留意看那些照我們榜樣行的人。因為有許多人行事是基督十字架的仇敵。我屢次告訴你們，現在又流淚地告訴你們：他們的結局就是沉淪；他們的神就是自己的肚腹。他們以自己的羞辱為榮耀，專以地上的事為念。（腓三 17～19）

三章 18 節保羅的觀察令筆者非常驚訝：「因為有許多人行事是基督十字架的仇敵」。當時真的是這麼多人與基督的十字架有仇？保羅這裏似乎不是單指前文受猶太教影響的異端。「基督十字架」的說法，是代表了主救恩代贖的核心內容。想深一層，就是今天，輕看和反對基督救恩的人，又確實不少。保羅另外用四方面來描述這些人：一、他們的神：自己的肚腹（即自己本身，特別強調他們只為了肉身口腹的需要）；二、他們所想念的：地上的事；三、他們的榮耀：原來是自己的羞辱；四，他們的結局：沉淪，永恆的死亡。保羅為這些失喪的靈魂，屢次流淚。

反思：我們身邊有沒有一些「基督十字架的仇敵」呢？我們會為他們心痛嗎？有為他們懇切禱告嗎？雖知艱難，但有嘗試向他們傳福音嗎？

禱文：主啊，在這個以羞辱為榮耀的世代裏，願祢保守我的心，對這世代存憐憫，為他們能與基督和好，獻上自己的力量！

第 42 天　天上國民

我們卻是天上的國民，並且等候救主，就是主耶穌基督從天上降臨。他要按著那能叫萬有歸服自己的大能，將我們這卑賤的身體改變形狀，和他自己榮耀的身體相似。（腓三 20～21）

相比前文「基督十字架的仇敵」的四方面，我們作為「天上的國民」與他們完全相反：一、我們的神：不是自己，乃是「救主、主耶穌基督」；二、我們所想念的：天上的事；三、我們的榮耀：擁有天上國民榮耀的身分和身體；四、我們的結局：完全的得救，「卑賤的身體改變形狀，和主耶穌自己榮耀的身體相似」。天上國民現在雖然活在地上，卻是過著一種「等候救主」的人生：渴望主的降臨，警醒度日。

反思：我們意識到自己擁有天上國民的身分嗎？活在地上的你，是過著渴望主、等候救主的人生嗎？

禱文：主啊，赦免我在地上生活時，有時忘卻了我其實已經擁有天上國民的尊貴身分！願祢的大能覆庇我，使我一心等候祢。

第 43 天　充滿鼓勵的勸勉

我所親愛、所想念的弟兄們，你們就是我的喜樂，我的冠冕。我親愛的弟兄，你們應當靠主站立得穩。（腓四 1）

這幾句話是保羅對上段分享的總結勸勉。他以極親切的語氣，説明他對弟兄姊妹的「想念」，兩次提及「親愛」。他説「你們就是我的喜樂，我的冠冕」，他真的以腓立比教會的弟兄姊妹為榮！透過勸勉，和自己對信徒真切的期望，鼓勵他們靠著主耶穌站立得穩。再一次，保羅流露出一位牧者真正喜樂的源頭——信徒在靈命上長進，就是傳道者的快樂和榮耀所在。

反思：甚麼是我們喜樂的源頭？玩樂？名利？抑或你所愛的人？弟兄姊妹的成長？我們會時常鼓勵初信者或我們所牧養的人嗎？

禱文：求主給我這喜樂的泉源。求主給我祢所賜的榮耀冠冕。阿們！

思考課題 10

怎樣做一個有「天國」觀念與視野的信徒？

普遍來說，信徒因為在信主的時候，多數先接觸並投入不同的「地方教會」、「堂會」，故此在初信時較少明白普世教會和天國（或神國）的觀念。在腓立比書中，保羅提醒我們，我們不單是屬於地上的教會，更擁有「天上的國民」的身分。

在馬太福音的描繪下，耶穌就是那位天國的大君王，祂在登山寶訓頒佈天國子民/門徒的品格操守大憲章。從祂講論天國的比喻（十三章）及末日的比喻（二十四～二十六章）來看，這天國是「已然卻未然」（already but not yet）的。擁有全權柄的天國君王耶穌經已來臨（二十八 18），因教會門徒羣體的擴展，現在屬天國的子民（就是教會）也不斷擴展，但因地上並無建立一個實體神國的統治，乃到了終末的時期，神國才全權統治全地，並延伸至將來的新天新地，就是那終極的天國統治。所以，在「已然卻未然」的狀態下的天國子民，我們或許在現世未完全看見一個神國統治的實體，卻必須常常提醒自己，我們是擁有這「天國公民籍」的神的子民，每天願意服膺於君王耶穌的管治權中，盼望將來永恆的天國，真正成為一個在世而不屬世、注目天上的天國子民。

就實踐來說，我們如何成為一個擁有天國視野的門徒呢？首先，馬太福音的高潮，是主耶穌作為權柄的主頒佈「大使命」:「……所有的權柄都賜給我了……去使萬民作我的門徒……直到世界的末了」(二十八 18～20)，所以我們必須傳揚福音，不斷建立門徒，更可以透過參與實際的宣教事奉，例如認識及代禱、實地考察等服事，踏實地實踐主的「大使命」。

其次，我們可以多關注各地神的子民/教會的屬靈情況，為他們禱告守望(參思考課題 3「我們可以如何操練祈禱的生活？」)。我們應擴闊自己眼光，留意世界大事的發展，並多嘗試從神的創造和救贖的角度，去思考和理解世情世事，留心看看神現今在世界各地有甚麼特別的作為。

最後，作為一個帶著使命、有深度的天國子民，應該發掘神給你在世上的獨特崗位和恩賜，尋問神如何使用自己，去影響這個世界。只要有心，主必引導和陶造我們，成為一個名副其實的「天國大使」。

IV.

主裏豐富的滿足

第 44 天　主裏同心的基礎

我勸友阿蝶和循都基，要在主裏同心。我也求你這真實同負一軛的，幫助這兩個女人，因為她們在福音上曾與我一同勞苦；還有革利免，並其餘和我一同做工的，他們的名字都在生命冊上。（腓四 2～3）

腓立比書其中一個重要的主題是同心。同心難嗎？答案既「是」且「否」。中國人有所謂「人夾人緣」，有些朋友、同事或教會肢體非常合得來，有的則總是「水溝油」。人與人之間的每一種關係，都需要努力維繫。聖經裏彼此同心的基礎，在這裏我們看到有三根支柱：一、是「在主裏面」，大家所敬拜服事的是主，是以主耶穌為中心；二、是「同負一軛、一同勞苦、作工」的關係，在事奉上，因有共同的福音目標，所以能合作，放低自己，以大局為首要；三、「名字都在生命冊上」，表示大家有同一永恆的生命。同心的基礎是堅固的，實踐卻不容易。這裏記載的兩位姊妹，在教會中的身分應該頗為重要，熱心愛主，卻仍有不同心的時候，而這可能全教會都知道。保羅勸勉她們要同心，可結果如何？經文留白，但相信這是能解決的誤會。

反思：你認為在主裏同心會有甚麼表現？你有沒有真正實踐同心？為著真正能達致主裏同心，你願意擺上禱告，主動與人和解嗎？

禱文：主啊！祢知道我與誰有誤會，我知道祢明白我在人際關係上的難處，有時不足為外人道！求主光照我，幫助我，我願將我的人際關係，全交在祢手中。

第45天　喜樂與謙讓

你們要靠主常常喜樂。我再說，你們要喜樂。當叫眾人知道你們謙讓的心。主已經近了。（腓四4～5）

腓立比書論喜樂，是多角度的。保羅一提再提，要靠主常常喜樂，當不僅是空洞的鼓勵八股。這兩節經文雖短，卻揭示信徒能喜樂的一個祕訣：謙讓的心。一個人能謙讓，表示心胸較闊，不太計較小問題，肯讓步，常忍耐。故此，不會因受虧而不快樂。怎樣可以有謙讓的心？為甚麼要「當叫眾人知道」？因為「主已經近了」。此句有兩個解釋：一是表達距離上的遠近，指主耶穌其實並不遙遠，祂常鑒察我們，也在我們心裏。二是表達時間上的接近，即指主耶穌再來這件事。主既快來了，我們還有甚麼放不下、不能謙讓的呢？

反思：在我們心裏，是否還有些人是不能同心、不能向其表達謙讓的心呢？這是我們不能喜樂的一個原因嗎？

禱文：親愛的主啊，求主擴闊我的心胸，讓我更懂得謙讓。主啊！願祢賜我從祢而來的喜樂。

第 46 天　　一無掛慮的禱告！

你們要靠主常常喜樂。我再說，你們要喜樂。當叫眾人知道你們謙讓的心。主已經近了。應當一無掛慮，只要凡事藉著禱告、祈求，和感謝，將你們所要的告訴神。神所賜出人意外的平安，必在基督耶穌裏，保守你們的心懷意念。（腓四 4～7）

喜樂的祕訣之一是謙讓。保羅緊接著說，喜樂的另一祕訣是「無慮」。一無掛慮的人容易喜樂，因為對神有信心，不擔心各種需要和難題，願意把事情交託給神。一無掛慮的禱告是如何的？首先是祈求；當有任何需要時，便向神祈求。神是信實的，祂必垂聽我們的禱告，按我們的情況供應我們所需，所以無慮。其次是感謝；感謝讓人可以無慮，因為想到神在過往的信實，故此有信心。神對這種禱告有特別的應許：神出人意外的平安，必在基督裏保守我們的心。

反思：回想神過往在你的生命裏，是如何信實可信。我們是否對神有信心？有甚麼攔阻我們信靠神嗎？

禱文：求主加我信心，讓我能靠主過著真正一無掛慮的生活。

第 47 天　　思念世上好人好事

弟兄們，我還有未盡的話：凡是真實的、可敬的、公義的、清潔的、可愛的、有美名的，若有甚麼德行，若有甚麼稱讚，這些事你們都要思念。你們在我身上所學習的，所領受的，所聽見的，所看見的，這些事你們都要去行，賜平安的神就必與你們同在。（腓四 8～9）

在這裏，保羅一口氣列出了信徒當思念的八件事。這裏是否只涉及信仰見證的範圍？我看不是，因為所指的內容可以非常之廣泛。「凡是真實的」是關於真理的事；「可敬的」是受人敬佩的人物；「公義的」指公義之事；「清潔的」是思想聖潔的事情；「可愛的」是使人覺得可愛、愉快、合意的事情；「有美名的」是有好名聲；「有德行的」指所有好的德行；「有稱讚」是任何值得稱讚的事。9 節「你們在我身上所學習的，所領受的……」，是同時反映「真理的教導」（言教）和「使徒的榜樣」（身教）這兩方面。信徒也應跟從保羅，「都要去行」，這樣神就必同在。

反思：誰的言行曾令你感動，想要學效？試試操練禱告，在閱讀新聞後，將感動你的內容化成向神的禱告。

禱文：主啊，在我們身處的世代，我們經常看見不公平、不公義的事，求主給我們信心，相信祢是掌管萬事的主，祢是公義、聖潔和救贖；求主透過更多切入點，讓更多人可以認識祢、相信祢。

思考課題 **11**

關於金錢奉獻，聖經有甚麼教導？

有人可能會問，為何在教會的金錢捐獻，通常被稱為「奉獻」呢？這是因為基督教信仰背後的一種觀念，就是一切都屬於神，包括我們的金錢、時間及資源，故此基督徒捐獻金錢，不過是將主給我們的，歸還給主而已（參代上二十九 14）。進一步來說，我們既是屬神的人、得救的人，我們理當全人委身和奉獻，因此金錢的捐獻自然被稱為「奉獻」了。

另一個金錢奉獻的概念，是源於舊約獻感恩祭的觀念。人們遇到感恩的事，可以按著自己能力可負擔的，將牛、羊、雀鳥或農作物，作為感恩祭獻給神。故此，今天有不少教會都會在崇拜的奉獻環節中傳「奉獻袋」，意思是人每次敬拜神的時候，都當存感恩的心，透過金錢的奉獻，表達內心願意有所獻上。有些教會為免令人尷尬，特別是那些未明白奉獻意義的慕道者，會請信徒透過教會另設的奉獻箱或其他方式奉獻。此舉亦鼓勵信徒隱藏自己，不公開宣揚自己的奉獻。以上鼓勵奉獻的兩種方向，沒需要定於一尊，都是可行的。

在瑪拉基書，因當時的以色列人沒有盡律法所要求的本分奉獻，只懂為自己積財，故此先知責備他們，並挑戰他們要將當納的作什一奉獻，「使我家〔按：神的家、神的殿〕有糧，以此試試我，是否……傾福與你們，甚至無處可容」(三 10)。現在信徒習慣奉行什一奉獻，即將自己收入的十分之一奉獻給神，就是出於舊約的背景。事實上今天的教會作為「神的家」，全職事奉者一樣有基本的金錢需要，因此我們的確需要有「納糧」的奉獻觀念，定期定額的奉獻(有教會稱為「什一月捐」)，背後的信念是相信神必供應我們所需。

作出金錢奉獻，也有慈惠和支援有需要的人、教會或特別事工的一面。保羅在其宣教旅程中，知道耶路撒冷猶太人教會的需要，便鼓勵各地以外邦人為主的教會捐獻，他則扮演中間人的角色，收集及將捐獻帶給耶路撒冷的教會，推動猶太和外邦信徒在福音真理上表達合一。同時，保羅在宣教旅程中也不斷接受弟兄姊妹的各種經濟支持，就如今天宣教事工也常常有需要，我們應當學習在金錢上支持。保羅亦在哥林多後書八章，鼓勵信徒之間在經濟上以愛心彼此相助，以達到一種「均平」的互相補足，意即富有者與窮困者的光景不至過於懸殊，使生活有需要的信徒得著真正的幫助。這也是神透過信徒之間的愛心，讓他們彼此供應。今天在教會中，我們也需要留意旁人的生活或經濟需要，實踐愛心。

最後，我們也要學習奉獻的智慧，注意奉獻的心態。我們可關心一些作為教會的延伸的福音機構；若是神興起的事工，也需要經濟的支持。不過，在這彎曲的世代，同樣會有不合乎神心意的機構，它們的賬目不清，甚至造假斂財，我們亦要小心。至於在心態上，倘若我們是為名為利而捐獻，神必不喜悅！金錢的奉獻，最重要並不是金額多少，乃是要捐得甘心樂意，「不要作難，不要勉強」(林後九 7)。但願我們都能作個忠信的奉獻者！

第 48 天　　支持佈道者和宣教士

我靠主大大地喜樂，因為你們思念我的心如今又發生；你們向來就思念我，只是沒得機會。（腓四 10）

保羅很特別地表達說，腓立比教會「向來就思念」他，「只是沒得機會」。「思念」指甚麼？是指教會對傳道者保羅的關心，想供應他的需要，特別在物質上的支援。他們一直沒得機會，是因為保羅與他們很多時都難以走在一起，尤其此刻他正被軟禁。有機會「思念」關心，在物資和經濟的供應上支持傳道者，其實是一種福氣，能使傳道者無後顧之憂，靠主而大大地喜樂！

反思：在我們身邊有很多佈道者和宣教士，是憑信心踏上這條路的，我們願意支援他們嗎？嘗試聯絡有關負責人，主動深入了解教會支持的宣教上或佈道機構，選定你最認同和有感動的支持對象，為他們禱告或奉獻金錢支持他們。

禱文：主啊，求祢使我有關心傳道者實質需要的心，求祢也給我更多力量，在不同層面供應與支持他們，使福音更加廣傳！

第 49 天　超越環境的知足

我並不是因缺乏說這話；我無論在甚麼景況都可以知足，這是我已經學會了。我知道怎樣處卑賤，也知道怎樣處豐富；或飽足，或飢餓；或有餘，或缺乏，隨事隨在，我都得了祕訣。我靠著那加給我力量的，凡事都能做。（腓四 11～13）

保羅告訴大家，他因為教會記念他在物資和經濟上的需要而喜樂，並不是在暗示教會要給他更多。所以在 11 節，他表明自己「並不是因缺乏說這話」。聖靈引導保羅在這裏分享他內裏的一個屬靈美德，就是他已學會在任何景況下都能知足。他在兩個極端的景況下難得地「都得了祕訣」：一個是「處卑賤、飢餓、缺乏」；另一個是「處豐富、飽足、有餘」。那祕訣是一顆知足的心，和靠著加力給他的神。

反思：我們感到「處卑賤」難，「處豐富」易？我們又是否能夠同時適應或缺乏、或富足的景況？我們已得了祕訣嗎？

禱文：完全豐盛卻生於馬槽、甘於貧寒的主耶穌啊！求祢加給我力量，賜我一顆知足的心。

第 50 天　　佈道資源供應

然而，你們和我同受患難原是美事。腓立比人哪，你們也知道我初傳福音離了馬其頓的時候，論到授受的事，除了你們以外，並沒有別的教會供給我。就是我在帖撒羅尼迦，你們也一次兩次地打發人供給我的需用。（腓四 14～16）

腓立比教會信徒既不是與保羅一起被軟禁，如何能「同受患難」呢？保羅為福音爭戰、受苦，面對各樣的患難，而在這些困難的日子，只有腓立比教會信徒，一直多次供應他的生活所需，使他能順利繼續事奉。教會感到保羅的宣教事奉重要，就以實際行動支持，派員供應幫助他。我們不要忘記，在古代，這樣的支援絕對不是一件簡單的事；而在屬靈上，原來這就是與前線的同工「同受患難」了。

反思：我們有沒有想過，支援前線宣教士和佈道者，其實已經與他們的受苦有分？我們願意持續為他們代禱守望嗎？若經濟條件許可，你願意給予他們穩定的經濟支援嗎？

禱文：主啊，我願意！我願意緊貼祢心，關心祢的福音事工，支援前線的工人。求祢給我更多佈道心，建立我成為祢的用人。

第 51 天　　佈道者所得的餽贈

我並不求甚麼餽送，所求的就是你們的果子漸漸增多，歸在你們的帳上。但我樣樣都有，並且有餘。我已經充足，因我從以巴弗提受了你們的餽送，當作極美的香氣，為神所收納、所喜悅的祭物。我的神必照他榮耀的豐富，在基督耶穌裏，使你們一切所需用的都充足。（腓四 17～19）

一個佈道者如何看別人對他的「餽送」和支援，反映他是否成熟，心態是否健康。保羅看腓立比教會給他的「餽送」如「極美的香氣」，更如「神所收納、所喜悅的祭物」，可見他很寶貴，很欣賞教會的愛心。但他卻又不貪求「餽送」！因為他已經「樣樣都有，並且有餘」，「已經充足」，真正的知足。他祈求神，願意教會的信徒真有「果子」，能活出基督的生命，得著真正的福氣和賞賜（17 節下）。

反思：我們真的對這位神有信心，相信祂會照祂榮耀的豐富，使我們一切需用都充足嗎？試找幾個弟兄姊妹與你一起禱告，求主堅固你們的信心，讓你們一同經驗祂豐富的預備。

禱文：榮耀的神，豐富的神啊！感謝祢充足的供應！我願信靠祢！讚美祢！神啊，祢是看顧孤兒寡婦的主！求祢供應在困乏裏的人，讓人經歷祢的信實廣大。

第52天　彼此問安的恩典

願榮耀歸給我們的父神，直到永永遠遠。阿們！

請問在基督耶穌裏的各位聖徒安。在我這裏的眾弟兄都問你們安。眾聖徒都問你們安。在凱撒家裏的人特特地問你們安。願主耶穌基督的恩常在你們心裏！（腓四20～23）

本書結尾的問安，洋溢著在主裏溫馨的情誼。保羅自己問安，也受人所託而問安。問安語雖然簡短，卻有盡在不言中的意味；片言隻字，實在包含著千言萬語。主內聖徒間的彼此相愛和相通，在一個小小的問安上，已能管窺。不要輕看、輕忽在教會裏，弟兄姊妹彼此之間的問安，這對未信及初信的新朋友更是重要。一切都是恩典：「主耶穌基督的恩」，這是保羅最後一句的祝福。我們感覺到他的誠意嗎？

反思：我們有沒有忽略似乎是「小小的問安」？我們有沒有數算「厚厚的主恩」？又有沒有為到主給予我們的而感恩？

禱文：願主的恩、主的愛，常常與我、教會的弟兄姊妹、慕道者和初信者同在！深願主耶穌將腓立比書的信息藏在我心裏，成為我生命裏的指引，繼續堅立我傳福音的心志！阿們！

思考課題 12

若有心志傳福音，聖靈會指教我們。我們是否一定要學習那些硬蹦蹦的「罐頭福音」的套路，才可以有效傳福音？

信徒有傳福音的心志，是一件非常重要的事，因為很多人還未得著救恩。如果聖靈感動我們，叫我們對人靈魂的失喪有負擔，祂必會指教我們如何傳福音。但這不表示我們就不需要特別學習一些傳福音的技巧；這與神的指教並沒有衝突，因為祂也會透過屬靈的人的教導，去指教我們。正如我們讀經，聖靈會幫助我們進入真理，但我們也應該努力，從屬靈前輩那裏不斷學習釋經的技巧，以致更準確明白聖經的意思。

怎樣學習傳福音？傳福音著重實踐，所以向有豐富佈道經驗的基督徒學習，或在專門推動和訓練佈道的機構參與實戰，是較為踏實的方向。在各時代中，神為不同對象的需要，在不同的處境興起具傳福音恩賜的佈道者，設計不同的「福音套路/工具」，嘗試將福音有系統地表達出來，而就初學佈道的信徒來說，這些「福音套路/工具」有助他們較容易掌握如何講解福音真理，這並非一件壞事。

筆者曾在專注訓練信徒傳福音的機構事奉，卻發現有時初學佈道者在傳福音時容易落入一個情況：因為其本身佈道技巧生澀，容易硬蹦蹦將所學的福音內容，作出過分簡單的講述。當未能靈活講解運用時，就將豐富的福音講述「約化」成機械式的「罐頭福音」。

事實上，傳福音是需要敏於對象的情況和需要的一種「處境化」技巧和過程；在福音對話期間，常需要按當事人的回應和特別情況去做出調整。佈道者需要多次出隊實戰，累積經驗與技巧。我們若有心學習傳福音，應選取較能全面表達整全信仰的「福音套路/工具」，也明白各「套路」的限制，並在向未信者講解信仰方面繼續進深。

我們領人歸主，有時以為「整全地」講解了一次「福音套路/工具」的內容，就已是有效傳了福音，但事實上，大部分未信或初信者都需要進深認識福音。所以，佈道者必須持續跟進，例如透過福音性研經，讓他們更全面、更深入地了解信仰，這樣他們的信仰才能鞏固；

亦惟有這樣，佈道者才可避免只傳「罐頭福音」的情況，成為福音的精兵！

參考書目

1. 毛克禮:《腓立比書信釋義》。台北:中國主日學協會,1984。
2. 沈保羅:《超越的追尋——腓立比書的講解》。香港:中國神學研究院,1993。
3. 季納:《新約聖經背景註釋(新版)》。劉良淑譯。台北:校園,2017。
4. 陳終道:《新約書信讀經講義——腓立比書、歌羅西書、腓利門書(增修版)》。台北:校園,1990。
5. 馮蔭坤:《腓立比書註釋》。香港:天道,1987。
6. Arnold, Clinton E. ed. *Zondervan Illustrated Bible Backgrounds Commentary (NT)*, Vol. 2 & Vol. 3. Grand Rapids: Zondervan, 2002.
7. Fee, Gordon D. *Paul's Letter to the Philippians*. The New International Commentary on the New Testament. Grand Rapids: Eerdmans., 1995.
8. Hawthorne, Gerald F. *Philippians*. Word Biblical Commentary. Dallas: Word, 2004.
9. Zodhiates, Spiros, Warren Patrick Baker eds. *The Hebrew-Greek Key Word Study Bible: NASB-77 Edition*. Chattanooga: AMG Publishers, 2008.